中国普惠金融发展报告

中国银行保险监督管理委员会　编

中国金融出版社

责任编辑：肖　炜　董梦雅
责任校对：李俊英
责任印制：张也男

图书在版编目（CIP）数据

中国普惠金融发展报告（Zhongguo Puhui Jinrong Fazhan Baogao）/中国银行
保险监督管理委员会编.—北京：中国金融出版社，2018.10
　　ISBN 978-7-5049-9813-2

　　Ⅰ.①中…　Ⅱ.①中…　Ⅲ.①金融事业—经济发展—研究报告—中国
Ⅳ.①F832

中国版本图书馆CIP数据核字（2018）第239949号

出版　**中国金融出版社**
发行

社址　北京市丰台区益泽路2号
市场开发部　（010）63266347，63805472，63439533（传真）
网上书店　http://www.chinafph.com
　　　　　　（010）63286832，63365686（传真）
读者服务部　（010）66070833，62568380
邮编　100071
经销　新华书店
印刷　北京侨友印刷有限公司
尺寸　169毫米×239毫米
印张　9.75
字数　130千
版次　2018年10月第1版
印次　2018年10月第1次印刷
定价　56.00元
ISBN 978-7-5049-9813-2
如出现印装错误本社负责调换　联系电话（010）63263947

序

　　党的十九大报告指出，当前我国社会主要矛盾是人民日益增长的美好生活需要和不平衡不充分的发展之间的矛盾。具体到金融领域，缓解人民群众金融服务需求和金融供给不平衡不充分之间的矛盾，就是普惠金融的主要任务。

　　党中央、国务院高度重视普惠金融发展。2013年，党的十八届三中全会提出"发展普惠金融"的国家战略。2015年，习近平总书记主持中央深改组审议通过，国务院印发《推进普惠金融发展规划（2016—2020年）》（以下简称《规划》），明确了未来五年发展普惠金融的基本路径。2017年，全国金融工作会议提出"建设普惠金融体系"，要求把更多金融资源配置到经济社会发展的重点领域和薄弱环节。近年来党中央、国务院多次召开会议，研究部署金融支持小微企业、三农、贫困人口、双创等普惠重点领域的具体举措。

　　根据《规划》，普惠金融是指立足机会平等要求和商业可持续原则，以可负担的成本为有金融服务需求的社会各阶层和群体提供适当、有效的金融服务。小微企业、农民、城镇低收入人群、贫困人群和残疾人、老年人等特殊群体是当前我国普惠金融重点服务对象。提升金融服务的覆盖率、可得性和满意度是普惠金融的主要目标。

　　国际范围内，普惠金融由小额信贷、微型金融演变而来，早期为主要面向小微企业和贫困人群的"小额信贷"，后来逐步发展到向低收入群体提供储蓄、支付、信贷、保险等多种金融服务的"微型金融"。21世纪以来，微型金融服务体系和主流金融服务体系不断融合，强调为所有社会成员，尤其是传统金融体系覆盖不足的群体提供广泛金融服务的普惠金融理念逐渐形成，2005年由联合国正式提出。我国的普惠金融，既体现了对国际上普惠金融概念的传承和延续，又在新时代中国特色社会主义发展中注入了新的涵义，突出了均衡协调、机会平等、可持续等发展理念。

发展普惠金融，有利于促进金融业可持续均衡发展，推动经济发展方式转型升级，增进社会公平和社会和谐，引导更多金融资源配置到经济社会发展的重点领域和薄弱环节。大力发展普惠金融，是金融业支持现代经济体系建设、增强服务实体经济能力、落实以人民为中心的发展理念的重要体现，是缓解人民日益增长的金融服务需求和金融供给不平衡不充分之间矛盾的重要途径，是我国全面建成小康社会的必然要求。

近年来，银保监会坚决贯彻党中央、国务院决策部署，将发展普惠金融作为服务实体经济、推进供给侧结构性改革、落实新发展理念的重要途径，全力做好普惠金融发展顶层设计，建立推进普惠金融发展工作协调机制，协同各地、各部门加大改革创新力度，同心协力，攻坚克难，围绕小微企业、三农、扶贫等普惠金融服务重点领域，多措并举，综合施策，有效提升人民群众金融服务获得感，《规划》的落实取得阶段性进展。

一是金融机构普惠金融服务能力逐步加强。大中型银行设立聚焦服务小微企业、三农、脱贫攻坚及大众创业、万众创新的普惠金融事业部，建立专门的综合服务、统计核算、风险管理、资源配置、考核评价机制。带动地方法人金融机构和新型金融业态进一步明确定位、回归本源，向县域和基层聚拢。发挥保险公司保障优势，农业保险快速发展，大病保险全面实施，贫困人口商业补充医疗保险积极推进。

二是金融服务覆盖面稳步扩大。截至2017年末，我国银行业金融机构共有营业性网点22.76万个，网点的乡镇覆盖率和基础金融服务的行政村覆盖率达96.44%；农业保险乡村服务网点达到36.4万个，网点乡镇覆盖率达到95%，村级覆盖率超过50%；城乡居民大病保险覆盖10.6亿城乡居民，面向欠发达地区、比较困难行业和低收入群众的小额人身保险已覆盖全部31个省（区、市）的1.1亿人。多数地区已基本实现"乡乡有机构、村村有服务、户户有账户"。

三是薄弱领域金融服务的可得性不断提升。截至2017年末，银行业小微企业贷款余额30.74万亿元，较2013年末增长73.1%；银行业涉农贷款余额30.95万亿元，较2013年末增长48.2%；对建档立卡贫困户发放的扶贫小额信贷余额2496.96亿元，支持建档立卡贫困户607.44万户。2017年农业保险参保农户数量2.13亿户次，承保农作物21亿亩，占农作物播种面积的84.1%，较2013年上升39.7个百分点；提供风险保障2.8万亿元，较2013年增长100%。

四是金融服务的便利性和效率显著提高。居民和企业在账户、贷款、支付、储蓄等服务方面的便利性大幅提升，人均拥有超过6个账户、5张银行卡，非现金交易率、使用移动设备交易率逐年攀升。客户通过互联网银行、手机银行等线上渠道，进行自助贷款申请、签约、支用、还款等自助操作，贷款全流程只需几分钟即可完成。如建设银行探索全流程线上融资模式"小微快贷"，2017年新增客户超过14万，放款1466亿元，不良率为0.16%。

五是着力健全货币政策、差异化监管政策、财税政策体系。要求银行单列信贷计划，建立续贷、尽职免责等内部管理机制。围绕小微企业、农户等普惠金融重点客户设定增速、户数等监管考核目标。将普惠金融服务情况纳入监管评价体系，明确资本管理、不良贷款容忍度等差异化监管要求。对普惠金融领域贷款达到一定标准的金融机构实施定向降准政策，继续落实并完善对各类普惠金融服务机构的优惠存款准备金率政策；发挥支农、支小、扶贫再贷款、再贴现的引导功能，发挥宏观审慎工具的激励引导作用。对金融机构符合条件的普惠金融领域贷款实行免征增值税、印花税，减征所得税，提高贷款损失准备税前扣除标准，扩大呆账核销自主权等税收优惠。对保险公司种植业、养殖业保费收入实行所得税优惠，对农业保险实行保费补贴。整合设立普惠金融发展专项资金，加大对薄弱地区金融机构支持力度。

六是金融基础设施和外部环境逐渐改善。建立银行业普惠金融重点领域贷款指标体系，聚焦小微企业、农户、贫困人口、"双创"主体、校园学生和其他低收入群体等6类普惠金融重点服务。同时建立全面的普惠金融指标体系，包含使用情况、可得性、质量等多个维度和指标。扩大金融信用信息基础数据库的机构覆盖面，推进全国信用信息共享平台建设，建立失信联合惩戒机制。健全政府主导的普惠金融风险分担机制。出台《融资担保公司监督管理条例》，建立农业信贷担保体系，设立国家融资担保基金，发挥保险增信和地方风险分担机制作用。完善金融消费者权益保护制度，开展金融知识进万家、进校园、进社区等金融知识宣传普及活动，建立金融消费纠纷多元化解决机制，治理侵害金融消费者权益行为。

我国近几年普惠金融发展的主要做法和经验是：

发挥中国特色社会主义制度优势，注重发挥基层党政组织作用，加强普惠金融与社会管理、社区治理、基层治理融合，是普惠金融发展的根基。

坚持目标导向和问题导向，围绕金融服务覆盖面、可得性和满意度目标，聚焦当前服务不足的群体、制约普惠金融发展的障碍，是普惠金融发展的基本思路。

发挥市场主导作用，提升市场主体发展普惠金融的自觉意识，构建成本可算、风险可控、商业可持续的普惠金融服务模式，是普惠金融发展的根本动力。

数字普惠金融引领，运用技术创新释放普惠金融发展新动能，缓解普惠金融领域突出存在的信用、信息和动力问题，是普惠金融可持续发展的重要出路。

强化政策协同，优化政策传导，完善政策评估，精准激励引导金融机构以商业可持续的方式支持普惠金融发展，是普惠金融发展的有力保障。

遏制乱象、防范风险，重拳出击整治打着普惠金融旗号追逐暴利、从事违法违规活动的乱象，纠正侵害广大金融消费者合法权益的行为，是普惠金融发展的基本底线。

坚持改革创新、用好试点示范，通过试点探索发展模式，通过示范发掘典型经验，为全局性的改革探寻出路，是普惠金融发展的有效手段。

当前我们已经创新开展了扶贫小额信贷、农民合作社信用合作、银税互动、银商合作、金融服务网格化、双基联动、投资管理型和"多县一行"制村镇银行、农业大灾保险、农地农房林权抵押贷款等改革试点。河北阜平、浙江宁波、浙江台州、河南兰考、陕西宜君、甘肃和政、甘肃临洮、青海等多个地区也积极探索普惠金融试点示范。不少试点示范已经形成了可复制的经验，在全国推广，令人振奋。有的试点也帮助我们更好地发现问题，及时纠错，避免出现普遍的政策偏差，令人欣慰。

成绩的取得和经验的积累，凝集着各方各界的努力和心血，也让我们对前路充满信心。为阶段性总结宣传我国普惠金融发展成果，落实《规划》"定期发布普惠金融白皮书"要求，银保监会牵头编写了《中国普惠金融发展报告》，作为首次由政府部门对外发布的普惠金融白皮书。白皮书总结了我国普惠金融发展的意义、主要措施、主要成效和基本经验，分析了当前普惠金融发展面临的挑战，提出了未来建设普惠金融体系的思路。

行百里者半九十。《规划》实施过半，前一阶段的成果，为未来的发展打下了良好的基础。但同时也要看到，普惠金融发展中仍然存在一些问题与挑战，需要我们坚持不懈、久久为功。一是金融资源配置不平衡不充分问题依然存在。二是金融服务在价格、效率、风险等方面质量仍待提高。三是普惠金融发展的商业可持续仍然面临挑战。四是金融基础设施仍待完善，法规规制、信用信息、风险分担等领域仍然制约发展。五是金融消费者的知识和素养仍然难以适应快速发展的金融业态。这些问题与挑战是当前普惠金融发展的短板，也为未来的发展指明了方向。

新的征程已经开始。普惠金融的发展任重道远。在新的发展起点上，我们要正视问题与挑战，立足新时代发展普惠金融的新要求，深入贯彻党的十九大精神，按照习近平总书记在全国金融工作会议提出的"建设普惠金融体系"要求，从普惠金融供给和需求双侧发力，统筹抓好普惠金融供给体系、产品服务体系、政策环境支撑体系、风险防范和监管体系、消费者教育保护体系等五大体系建设，不断拓展普惠金融服务的广度与深度，努力实现"普"和"惠"的双重目标。让金融之水流向经济社会最贫瘠、最需要的地方，让所有市场主体和广大人民群众分享金融服务的雨露甘霖。

中国银行保险监督管理委员会

2018年10月

目录CONTENTS

专栏

第一部分

中国普惠金融发展总体情况

- 发展普惠金融的意义
- 主要措施
- 主要成效
- 基本经验

　　2013年，党的十八届三中全会将"发展普惠金融"确立为国家战略。2015年末，习近平总书记主持中央深改组审议通过，国务院出台《推进普惠金融发展规划（2016—2020年）》（以下简称《规划》）。近年来，面对复杂的经济金融形势，在党中央、国务院的坚强领导下，各部门、地方政府、市场机构和广大人民群众同心协力、砥砺前行，我国普惠金融发展取得良好开局。

一、发展普惠金融的意义

　　普惠金融是指立足机会平等要求和商业可持续原则，以可负担的成本为有金融服务需求的社会各阶层和群体提供适当、有效的金融服务[①]。小微企业、农民、城镇低收入人群、贫困人群和残疾人、老年人等特殊群体是当前我国普惠金融重点服务对象。提升金融服务的覆盖率、可得性和满意度是普惠金融的主要目标。

　　发展普惠金融，有利于促进金融业可持续均衡发展，推动经济发展方式转型升级，增进社会公平和社会和谐，引导更多金融资源配置到经济社会发展的重点领域和薄弱环节。大力发展普惠金融，是金融业支持现代经济体系建设、增强服务实体经济能力的重要体现，是缓解人民日益增长的金融服务需求和金融供给不平衡不充分之间矛盾的重要途径，是我国全面建成小康社会的必然要求。

二、主要措施

　　近年来，原银监会、人民银行将发展普惠金融作为服务实体经济、推进供给侧结构性改革、落实新发展理念的重要途径，全力做好普惠金融发展顶层设计，建立推进普惠金融发展工作协调机制，协同各部门、各地出台了一系列行之有效的措施，引导督促各机构推动普惠金融发展。

　　各相关部门围绕小微、三农、扶贫等普惠金融服务重点，通过政策引导、监管引领、指标考核、督导检查等多种方式，综合运用货币信贷、

　　[①]《推进普惠金融发展规划（2016—2020年）》。

差异化监管和财税政策，引导金融机构提升服务质效。指导大中型银行设立聚焦服务小微企业、三农、脱贫攻坚及大众创业、万众创新的普惠金融事业部，引导地方法人金融机构和新型金融业态进一步明确定位、回归本源，向县域和基层聚拢。对普惠金融领域贷款达到一定标准的金融机构实施定向降准政策，对金融机构向农户、小微企业及个体工商户发放小额贷款取得的利息收入免征增值税。要求银行单列信贷计划，设定监管考核目标，将普惠金融服务情况纳入监管评价体系，明确尽职免责、不良贷款容忍度等差异化监管要求。整合设立普惠金融发展专项基金，建立普惠金融指标体系和银行业普惠金融重点领域贷款指标体系，推进全国信用信息共享平台建设，扩大金融信用信息基础数据库的机构覆盖面。广泛开展金融知识进万家、进校园等普及教育活动，打击损害消费者权益行为。开展扶贫小额信贷、农民合作社信用合作、银税互动、银商合作、金融服务网格化、双基联动等试点，积累丰富经验。

各地加强组织协调，完善配套机制措施，制订《规划》实施方案，建立各具特色的普惠金融风险补偿机制，推动政府性融资担保体系发挥更大的作用。探索普惠金融试点示范、小微金融服务改革创新试验、农村金融服务试验、金融扶贫示范区建设等各类示范试点，目前已在河北阜平、浙江宁波、浙江台州、河南兰考、陕西宜君、甘肃和政、临洮、青海等多地推出试点或试验区。

三、主要成效

（一）基础金融服务覆盖面不断扩大

1. **乡镇一级银行物理网点和保险服务覆盖面逐步扩大**。截至2017年末，我国银行业金融机构共有营业性网点22.76万个，较2013年末增长8.5%（见图1），银行业网点乡镇覆盖率达到95.99%，25个省、区、市、计划单列市实现"乡乡有机构"。截至2017年末，农业保险乡村服务网点达到36.4万个，网点乡镇覆盖率达到95%，村级覆盖率超过50%。

万个

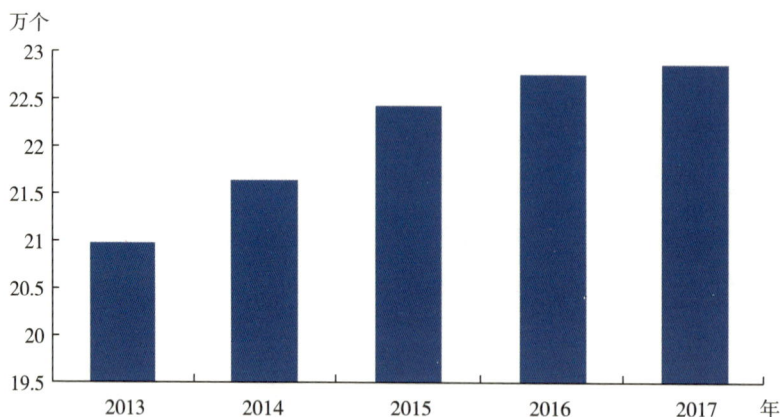

图1 2013—2017年银行业金融机构网点数量

2. 城市社区和行政村基础金融服务覆盖面不断扩大。截至2017年末，全国共有ATM96.06万台，POS机3118.86万台，分别较2013年末增长84.7%和193.3%（见图2）。全国基础金融服务已覆盖53.13万个行政村，行政村基础金融服务覆盖率为96.44%，较2013年末上升13.6个百分点。15个省、区、市、计划单列市实现"村村有服务"。截至2017年末，城乡居民大病保险（以下简称"大病保险"）已覆盖10.6亿城乡居民，较2013年末增长194.4%。

万个

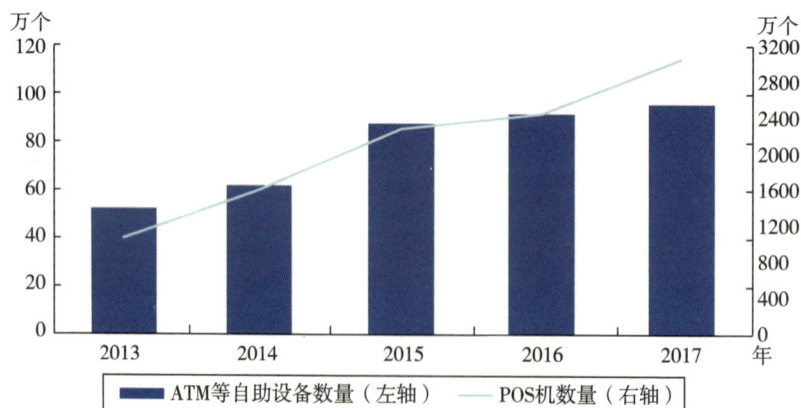

ATM等自助设备数量（左轴）   POS机数量（右轴）

图2 2013—2017年银行业金融机构自助设备数量

（二）薄弱领域金融可得性持续提升

银行业、保险业持续加大普惠金融薄弱领域支持力度，小微企业、三农、科技企业等领域融资难、服务难问题得到缓解。

1. 小微企业贷款可得性不断提升。 截至2017年末，银行业小微企业贷款（包括小型企业、微型企业、个体工商户和小微企业主贷款，下同）余额30.74万亿元，较2013年末增长73.1%，占各项贷款余额的24.5%；为1521万户小微企业提供贷款服务，较2013年末增长21.7%。每年实现增量、增速、户数和申贷获得率等考核目标（见图3、图4）。

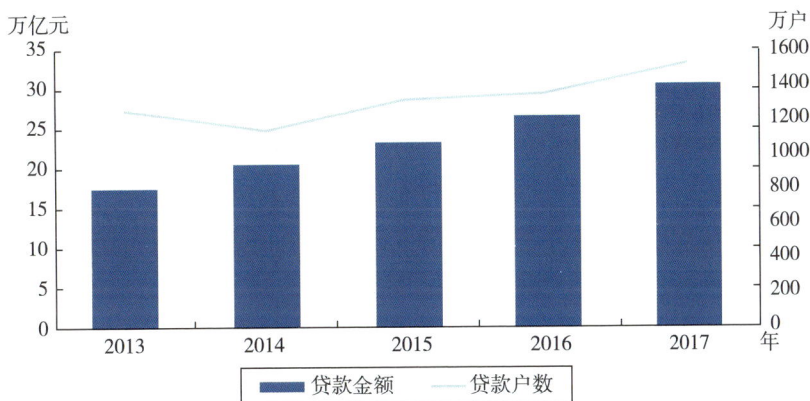

图3　2013—2017年银行业金融机构小微企业贷款情况

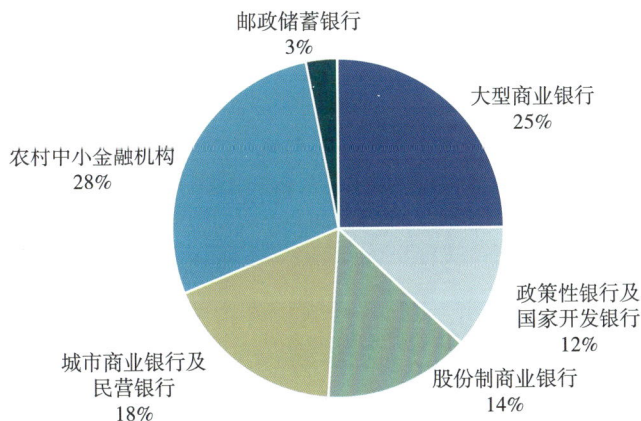

图4　2017年小微企业贷款分机构情况

2. 三农领域金融支持力度不断加大。截至2017年末，银行业涉农贷款余额30.95万亿元，较2013年末增长48.2%，占各项贷款余额的24.6%；其中农户贷款余额8.11万亿元，较2013年末增长80%；农村企业及各类组织贷款余额17.03万亿元，较2013年末增长33.1%（见图5、图6）。2017年农业保险参保农户数量2.13亿户次，承保农作物21亿亩，占农作物播种面积的84.1%，较2013年上升39.7个百分点；提供风险保障2.8万亿元，较2013年增长100%。

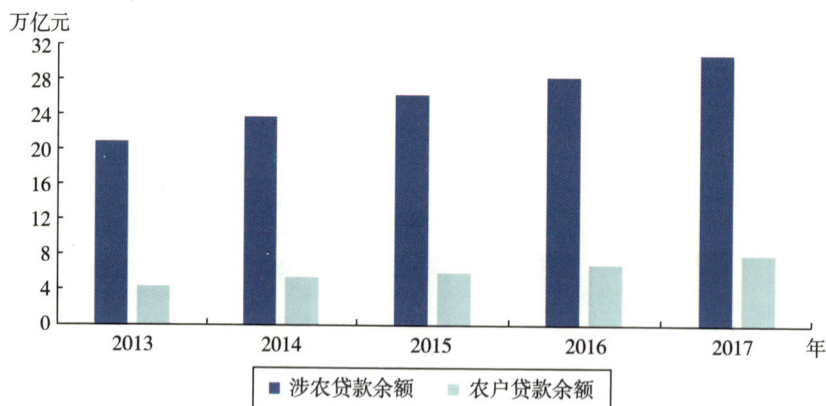

图5　2013—2017年银行业金融机构涉农贷款情况

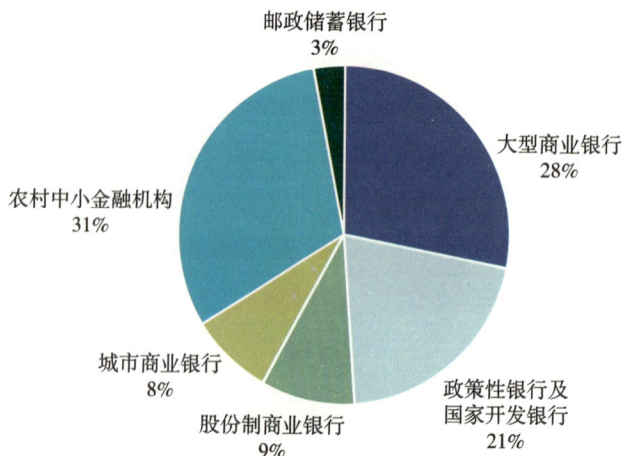

图6　2017年涉农贷款分机构情况

3. **科技型企业金融服务专业化水平不断提升**。鼓励银行在高新技术产业开发区等科技资源集中区域设立为科技型中小微企业服务的特色专业机构。截至2017年末，全国银行业金融机构已设立科技支行、科技金融专营机构等645家，科技型企业贷款余额2.95万亿元。

（三）金融服务效率和质量明显提高

1. **通过基础账户和银行卡的普及降低"金融排斥"**。2013—2017年，全国人均拥有的银行账户数由4.1个增加到6.6个，全国银行卡人均持卡量由3.1张增加到4.8张，其中农村地区人均持卡量由1.74张增加到2.97张（见图7）。2017年银行业金融机构处理的非现金交易人均116.35笔，近三年平均增速36.4%，移动支付交易人均27.16笔，近三年平均增速101.7%。

个/张

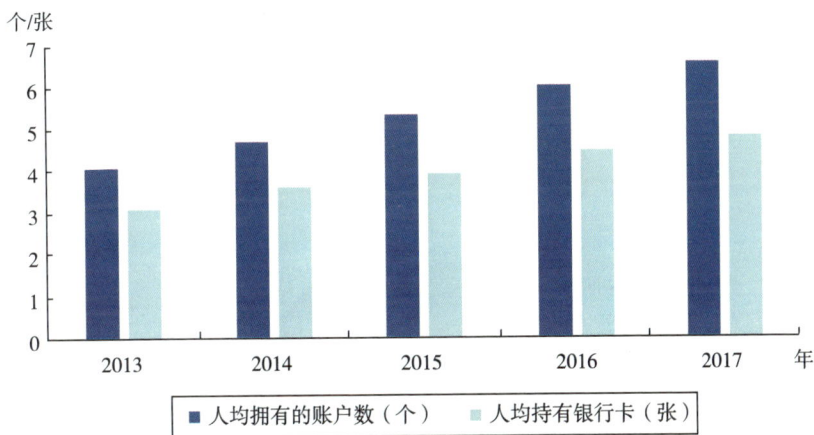

图7　2013—2017年我国人均拥有的账户和银行卡数

2. **提升普惠金融服务效率**。银行业积极运用新型信息技术手段，创新服务渠道，拓展服务深度，降低服务成本，提升服务便利性。通过互联网、大数据等金融科技手段，提供线上信贷服务，提升服务质量和服务效率。完善贷款审批流程，合理压缩获得信贷时间。开通小微企业开户绿色通道，合理压缩企业开户时间。建立续贷业务配套机制，创新续贷产品，进一步提高贷款资金使用效率。

3. 降低普惠金融融资成本。银行业持续减费让利，降低普惠金融融资成本。2017年，大中型商业银行共对普惠金融客户取消收费项目335个、对387个项目实行收费减免，全年减费让利总金额约366.74亿元。伴随新技术渠道的使用和金融乱象的治理，银行业小额、分散融资服务的成本得到有效控制，价格保持在合理区间。随着"随借随还、按日计息"贷款产品的增加，客户能根据实际需求灵活安排借款、还款，借款成本有效降低。推动大中型银行制订切实可行的降成本实施方案，发挥带动小微企业整体融资成本降低的"头雁"效应。

4. 提升保险普惠性。2017年共有131家机构开展互联网保险业务，其中财产险公司70家，人身险公司61家，共实现保费收入1835.29亿元。全年互联网保险签单124.91亿件，较上年增长102.60%，其中退货运费险68.19亿件，保证保险16.61亿件，意外险15.92亿件，责任保险10.32亿件（见图8）。互联网保险通过技术让保险更加易得，推动实现了普惠保险的行业价值和社会意义。

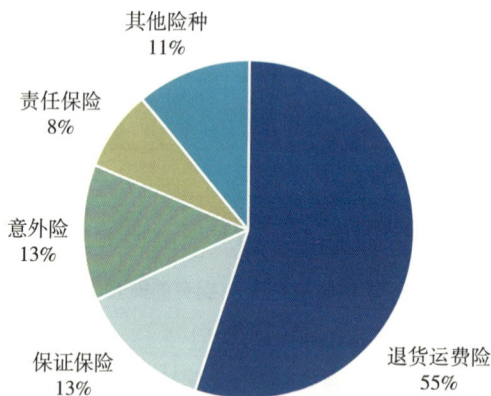

图8　2017年互联网保险签单件数构成

（四）金融扶贫攻坚成效显著

1. 扶贫小额信贷发展迅速。将扶贫小额信贷作为银行业实施精准扶贫的重要抓手，为建档立卡贫困户提供公平、持续、有效的信贷机会，保证信贷资金精准到户。截至2017年末，银行业金融机构对建档立卡贫困户发放的扶贫小额信贷余额2496.96亿元，户均贷款4.11万元；支持建档立卡贫困户607.44万户，占全国建档立卡贫困户的25.81%（见图9）。

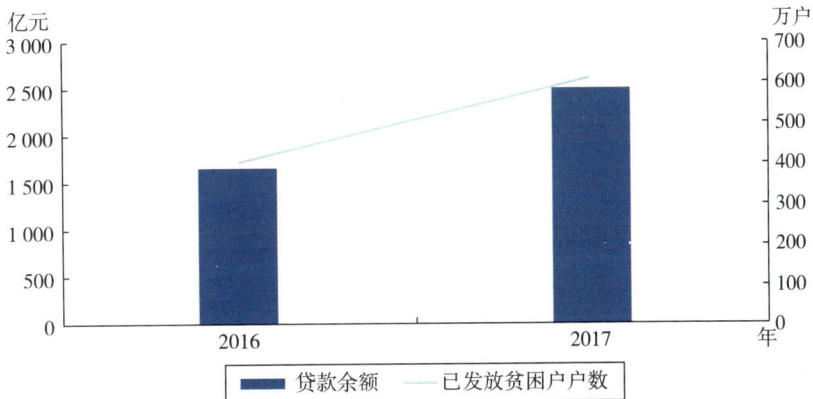

图9　建档立卡贫困户扶贫小额信贷情况

2. **加大扶贫开发信贷支持力度**。着力引导银行业金融机构开展扶贫开发项目贷款，截至2017年末，扶贫开发项目贷款余额2316.01亿元。易地扶贫搬迁信贷投放力度加大。国家开发银行（以下简称开发银行）和中国农业发展银行（以下简称农发行）累计发放中央贴息易地扶贫搬迁贷款1780亿元，惠及建档立卡贫困人口超过500万人。

3. **保险健康扶贫成效显现**。鼓励保险公司配合各地推动大病保险向困难群众适当倾斜，降低起付线、放宽报销范围，提高报销水平。积极开展贫困人口商业补充医疗保险，截至2017年末，保险公司在全国25个省（区、市）1152个县（市）承办了针对贫困人口的商业补充医疗保险业务，覆盖贫困人口4635万人。积极参与经办社会救助。截至2017年末，保险公司在全国275个县市开展了医疗救助经办项目，减轻了政府工作负担，提高了基本医保、大病保险与医疗救助制度之间的衔接。

（五）金融基础设施和外部环境逐渐改善

1. **信用体系建设日趋完备**。依托社会信用体系建设、金融信用信息基础数据库建设等工作，加快推进信用体系和信用信息平台建设，强化失信惩戒，营造良好信用环境。截至2017年末，全国累计为261万户小微企业和近1.73亿户农户建立信用档案，金融信用信息基础数据库基本实现对持牌金融机构的全覆盖。全国信用信息共享平台已连通44个部委和所有省区市，归集各类信用信息总量突破165亿条，依托"信用中国"网站强化信息公示系统，向社会提供信用信息"一站式"查询服务。

2. **"银税互动"不断深化**。针对普惠金融重点领域信用信息不足等问题，银行业与税务部门开展"银税互动"，搭建银税信息共享平台、创新贷款产品，支持小微企业"以税促信、以信申贷"。截至2017年末，银行业金融机构"银税互动"贷款余额2188.52亿元，贷款户数9.10万户，其中小微企业贷款余额1702.97亿元，贷款户数8.88万户，分别占比77.81%和97.60%。

3. **"银商合作"逐步发力**。建立银行业与工商部门信息合作机制，探索通过国家企业信用信息公示系统和小微企业名录库开展合作，搭建银企对接平台，提高银行获客、授信和风险管理效率。

4. **多层次资本市场功能逐步发挥**。支持银行发行小微企业、三农专项金融债券，拓宽普惠金融信贷资金来源，累计批复69家商业银行合计5950亿元的小微企业专项金融债券发行申请。稳步推进小微企业贷款资产证券化、信贷资产转让和收益权转让等业务试点，加速资金流转。支持符合条件的中小微企业在全国中小企业股份转让系统（新三板）挂牌，截至2017年末，挂牌公司共计11630家，其中中小微企业占比94%。进一步扩大中小微企业债券融资规模，2017年交易所市场中小微企业发行公司债券176只，融资金额1197亿元。

5. **保险基础机制建设积极推进**。完善农业保险产品管理制度。开发农业保险产品电子化报备和管理信息系统，建立农险产品信息披露和创新型产品专家评审机制，鼓励创新型农业保险发展，提高产品备案的制度化和规范化水平。建立全国农业保险信息管理平台，提高农业保险的信息化水平。

四、基本经验

近年来，我国普惠金融发展的基本经验是：

（一）发挥中国特色社会主义制度优势，是普惠金融发展的根基

将普惠金融发展纳入"五位一体"的中国特色社会主义事业总体布局，发挥中国特色社会主义制度优势，强化普惠金融顶层设计，做好统筹规划、组织协调、均衡布局、政策扶持，优化公共资源配置，引导市场资源投向重点领域和服务不平衡不充分领域。注重发挥基层党政组织在解决基础金融服务覆盖方面的先天优势，与金融机构在人员、信息、信用、风控等方面进行有效对接和资源共享。深耕当地，植根基层，缓解因信息不对称引起的金融服务不足问题，加强普惠金融与社会管理、社区治理、基层治理方面的融合，推动延伸服务触角，扩大服务覆盖面，满足合理有效金融需求。

（二）坚持目标导向和问题导向，是普惠金融发展的基本思路

从实现2020年发展普惠金融的总体目标倒推，围绕提升金融服务覆盖面、可得性和满意度，着眼于金融服务空白和不足的地区、人群，在融资、储蓄、支付、保险等不同业务领域确立具体目标，厘清到时间节点必须完成的任务，明确责任分工，抓好督导落实，强化督察问效。从迫切需要解决的问题顺推，聚焦当前制约普惠金融发展水平的障碍和推进普惠金融工作面临的挑战，剖析存在问题的内外因，明确破解难题的途径和办法，发挥"钉钉子"精神，逐项改进，逐个突破，着力推动解决。

（三）发挥市场主导作用，是普惠金融发展的根本动力

发挥市场在金融资源配置中的决定性作用，明确市场作为发展普惠金融的主体定位和主导作用，尊重市场规律，保护市场创新驱动力，提升市场主体发展普惠金融的自觉意识，构建成本可算、风险可控、商业可持续的普惠金融服务模式。优化政府在推进普惠金融发展中的作用，完善法律

框架、监管体制及金融基础设施，创造有利于普惠金融发展的生态环境，及时纠正市场失灵和激励扭曲，形成有效市场和有为政府相互补充的良好局面。

（四）数字普惠金融引领，是普惠金融可持续发展的重要出路

大力发展数字普惠金融，运用互联网、大数据、云计算等金融科技手段，延伸服务半径，扩大服务覆盖，降低服务门槛和服务成本，提升服务质量和服务效率。发挥数字普惠金融引领作用，着力构建运行高效、互助共享、线上线下同步发展的普惠金融产品服务体系，实现目标客户的精准识别、精细管理、精确服务，运用技术创新缓解普惠金融领域突出存在的信用、信息和动力问题，有力应对普惠金融可持续发展面临的挑战。

（五）全面推进、突出重点，是普惠金融发展的基本方法

普惠金融是一项涉及供给需求、体制机制、政策法规、基础设施、生态环境等各个方面的系统工程，需要从全局的战略高度统筹推进，自上而下逐级传导，也需要政府部门、行业产业、金融机构、市场主体、社会公众等多方联动，加强协调配合和信息共享。同时，需要将有限的资源投入到普惠金融发展的重点领域，聚焦当前金融服务不平衡不充分的问题，抓好小微企业、三农等薄弱领域融资难、融资贵的主要矛盾，致力于让小微企业、农民、城镇低收入人群、贫困人群和残疾人、老年人等重点领域获得价格合理、便捷安全的金融服务，让广大人民群众守好财富。

（六）遏制乱象、防范风险，是普惠金融发展的基本底线

伴随技术进步，普惠金融的发展过程中产生了很多高效率、低成本、优体验的金融服务，也出现了打着普惠金融旗号追逐暴利、从事违法违规活动的乱象，严重侵害广大金融消费者的合法权益。及时发现并重拳出击整治这些乱象，正本清源，是普惠金融发展的基本底线。同时，需要认清普惠金融的金融本质和风险属性，平衡好促进普惠金融发展和防范普惠金融领域风险的关系，加强重点领域风险监测，提升普惠金融领域信贷资产

质量，避免出现不可持续的发展态势。在普惠金融领域也要防范对重点群体多头授信、过度授信的风险。

（七）坚持改革创新、用好试点示范，是普惠金融发展的有效手段

发展普惠金融是第十八届三中全会提出的重大改革举措，改革创新是发展普惠金融的应有之义，也是构建普惠金融良性发展模式的有效手段。近年来普惠金融的发展，得益于体制机制、产品服务、监管方式、政策措施等方方面面改革创新释放出的红利，未来也将继续激发潜在动能。在改革创新的过程中，也要用好试点工具方法，发挥试点示范的突破带动作用。通过试点探索发展模式，及时评估试点效果，总结经验、发现并解决问题，为全局性改革探寻出路。通过示范发掘典型经验，总结推广可复制的做法和模式，发挥示范带动效应。

（八）强化政策协同，是普惠金融发展的有力保障

持续完善差异化的货币信贷政策、财税政策和监管政策，加强政策协同配合，发挥政策合力，提升政策精准度，精准激励引导金融机构以商业可持续的方式支持普惠金融发展。优化政策传导机制，避免政策传导偏移，确保最终目标受益。完善政策评估机制，及时采用量化方法对政策实施效果进行后评价。对于关乎普惠金融发展大计、涉及多部门职责、需要长期系统投入的立法、基础设施、生态环境问题，从全局的战略高度加强协调统筹，进一步明确责任，督导落实。

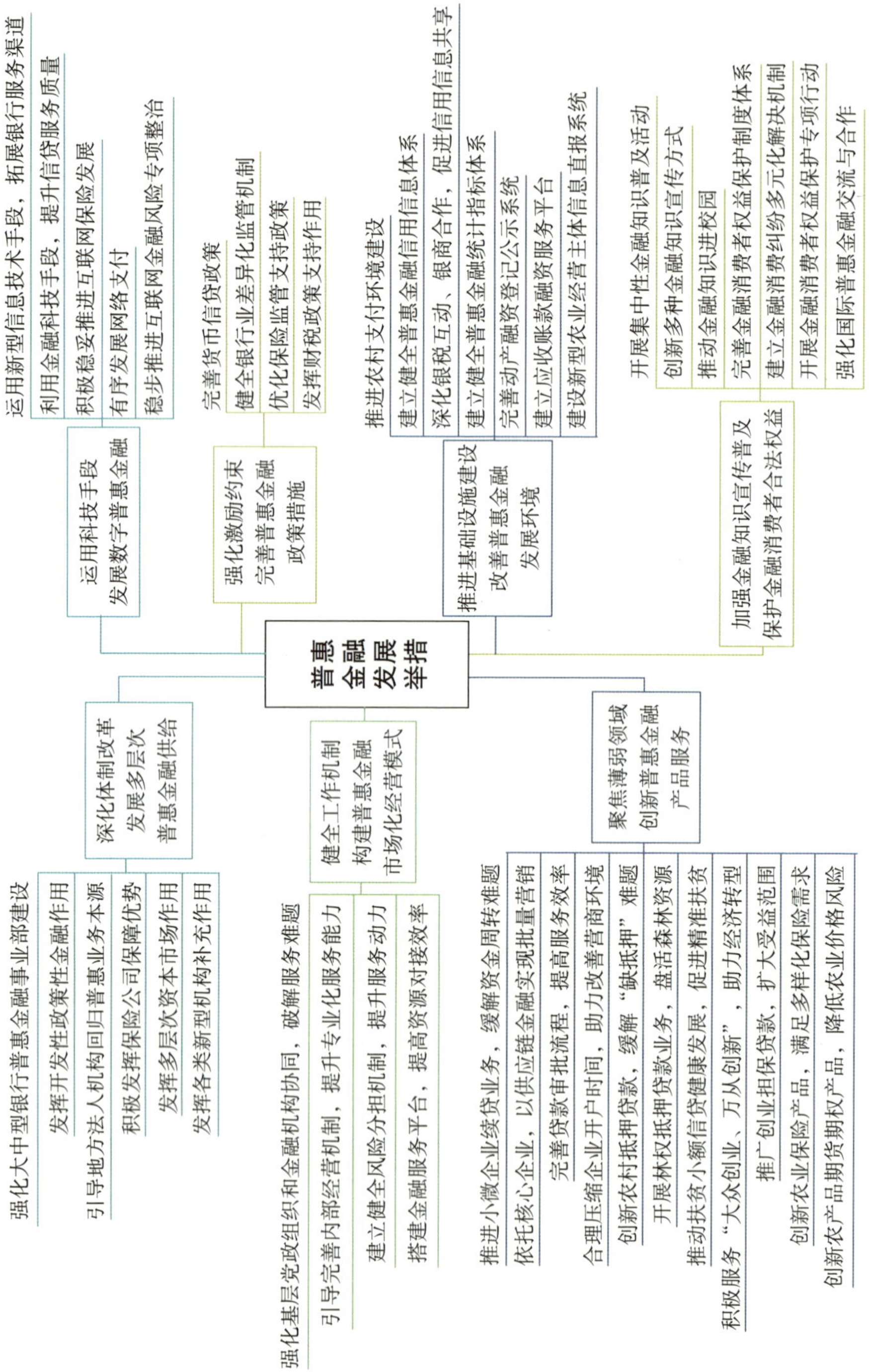
普惠金融发展举措
运用科技手段发展数字普惠金融
运用新型信息技术手段，拓展银行服务渠道
利用金融科技手段，提升信贷服务质量
积极稳妥推进互联网保险发展
有序发展网络支付
稳步推进互联网金融风险专项整治
强化激励约束完善普惠金融政策措施
完善货币信贷政策
健全银行业差异化监管机制
优化保险监管支持政策
发挥财税政策支持作用
推进基础设施建设改善普惠金融发展环境
推进农村支付环境建设
建立健全普惠金融信用信息体系
深化银税互动、银商合作，促进信用信息共享
建立健全普惠金融统计指标体系
完善动产融资登记公示系统
建立应收账款融资服务平台
建设新型农业经营主体信息直报系统
加强金融知识宣传普及保护金融消费者合法权益
开展集中性金融知识普及活动
创新多种金融知识宣传方式
推动金融知识进校园
完善金融消费者权益保护制度体系
建立金融消费纠纷多元化解决机制
开展金融消费者权益保护专项行动
强化国际普惠金融交流与合作
深化体制改革发展多层次普惠金融供给
强化大中型银行普惠金融事业部建设
发挥开发性政策性金融作用
引导地方法人机构回归普惠业务本源
积极发挥保险公司保障优势
发挥多层次资本市场作用
发挥各类新型机构补充作用
健全工作机制构建普惠金融市场化经营模式
强化基层党政组织和金融机构协同，破解服务难题
引导完善内部经营机制，提升专业化服务能力
建立健全风险分担机制，提升服务动力
搭建金融服务平台，提高资源对接效率
聚焦薄弱领域创新普惠金融产品服务
推进小微企业续贷业务，缓解资金周转难题
依托核心企业，以供应链金融实现批量营销
完善贷款审批流程，提高服务效率
合理压缩企业开户时间，助力改善营商环境
创新农村抵押贷款，缓解“缺抵押”难题
开展林权抵押贷款业务，盘活森林资源
推动扶贫小额信贷健康发展，促进精准扶贫
积极服务“大众创业、万众创新”，助力经济转型
推广创业担保贷款，扩大受益范围
创新农业保险产品，满足多样化保险需求
创新农产品期货期权产品，降低农业价格风险

图10 普惠金融发展举措

第二部分

深化体制改革
发展多层次的普惠金融供给

- 强化大中型银行普惠金融事业部建设
- 发挥开发性政策性金融作用
- 引导地方法人机构回归普惠业务本源
- 积极发挥保险公司保障优势
- 发挥多层次资本市场作用
- 发挥各类新型机构补充作用

引导各类机构结合自身特点，找准自身定位，完善机制建设，发挥各自优势，提供多层次的金融服务。目前，普惠金融领域已初步形成多元化、分层次、广覆盖、线上线下共同发展的机构体系。银行、证券、保险业组织机构分业经营、相互协作，不断探索体制机制改革，强化小微企业、三农、扶贫等普惠金融重点领域服务供给。适应经济社会发展需要和差异化金融需求，融资担保、小额贷款公司、农村合作金融等各类新型业态迅速发展，面向传统金融服务不足的群体开展了有益探索，催生了新兴普惠金融服务模式，发挥了良好的补充作用。

一、强化大中型银行普惠金融事业部建设

2017年《政府工作报告》中提出"鼓励大中型商业银行设立普惠金融事业部，国有大型银行要率先做到"，为落实国务院要求，原银监会牵头有关部门按照商业化运作、条线化管理、专业化经营、差异化发展、分步骤实施、配套政策支持的原则，稳步推进大中型商业银行设立普惠金融事业部，重点要求大中型商业银行按照商业可持续原则，建立专门的综合服务、统计核算、风险管理、资源配置和考核评价等机制。通过逐步建立完善事业部体制机制，进一步提高大中型商业银行普惠金融服务水平和能力。截至2017年末，大中型商业银行普惠金融重点领域贷款[1]（包括小微、三农、"双创"、扶贫、校园助学贷款）余额较年初增加1.97万亿元，增长9.63%，同比增加1.16万亿元。

与此同时，农业银行继续深化三农金融事业部改革，在"三部八中心[2]"的组织架构下，进一步强化对渠道管理和互联网金融服务的组织支

---

[1] 普惠金融重点领域贷款指单户授信总额1000万元以下（含）小微企业贷款和普惠型其他组织及个人经营性（非农户）贷款、单户授信总额500万元以下（含）的普惠型农户经营性贷款。

[2] 三部：三农政策与业务创新部/三农金融事业部管理委员会办公室、三农对公业务部/扶贫开发金融部、农户金融部；八中心：三农资本与资金管理中心、三农核算与考评中心、三农风险管理中心、三农信用管理中心、三农信用审批中心、三农人力资源管理中心、三农渠道管理中心、三农互联网金融管理中心。

持，选取一批县支行开展"放权搞活"试点，加大服务三农工作的考核权重，2018年6月末三农金融事业部贷款余额3.82万亿元。邮储银行依托三农金融事业部，按照"五部四中心①"的垂直架构配备专门人员，出台授信管理、风险管理、绩效考核、财务预算管理等专门的办法，基本实现事业部省、市、县三级全覆盖。在原有农户联保贷款、农户保证贷款等传统小额贷款业务的基础上创新产品服务，扩大涉农业务范围，2017年末涉农贷款余额为10542.08亿元。

专栏1　大中型银行设立普惠金融事业部

2017年5月23日，原银监会牵头发展改革委等11个部门联合印发《大中型商业银行设立普惠金融事业部实施方案》（以下简称《实施方案》），推动大中型商业银行设立聚焦小微企业、三农、创业创新群体和脱贫攻坚等领域的普惠金融事业部。

原银监会着重引领大中型银行注重顶层设计，督促大中型商业银行董事会承担好普惠金融发展的第一责任，制定好普惠金融的长期发展战略，特别是要求董事会及管理层新设专门委员会或指定现有委员会，负责指导全行普惠金融业务发展和经营管理，全面推进相关工作。针对各大中型商业银行不同的实际情况，指导各行充分整合、利用现有资源，形成各具特色的普惠金融服务模式。目前，五家大型银行均搭建了垂直的条线化服务体系。同时，农业银行形成"三农金融事业部+普惠金融事业部"的服务体系，中国银行与中银富登村镇银行、中银消费金融公司形成了"1+2"的普惠金融服务模式。

在总行层面，五家大型银行于2017年6月30日前全面完成了普惠金融事

---

① 五部：小额贷款部（扶贫业务部）、农业产业化部、农村项目部、政策与创新部、信贷管理部；四中心：三农风险管理中心、三农财务管理中心、三农资产负债管理中心、三农人力资源管理中心。

业部挂牌工作，实现机构落地、人员到位、专人专岗。在一级分行层面，于2017年9月30日完成了全部185家普惠金融事业部分部的设立。民生银行、兴业银行、渤海银行、浙商银行、平安银行、光大银行等6家银行已设立普惠金融事业部，招商银行、中信银行等2家银行设立了普惠金融服务中心。

下一步，银保监会将继续深化银行业普惠金融体制机制，在推动大中型银行普惠金融事业部落地上下功夫，做实综合服务、统计核算、风险管理、资源配置、考核评价等"五专"机制，进一步渠道下伸、权力下放、业务下沉。推动商业银行向小微业务倾斜内部资源和政策，制订专门的信贷计划，完善差异化贷款定价机制，继续推行普惠贷款内部资金转移价格优惠措施，降低资金成本。强化激励约束机制，督促各级银行机构安排普惠金融专项激励费用，与客户数量、业务量、专营机构建设情况等挂钩。加大对县域、基层网点和人员的激励力度，细化尽职免责办法，进一步下放审批权限。同时完善内部绩效考核机制，提高绩效考核中普惠业务权重。

二、发挥开发性政策性金融作用

开发银行和农发行在扶贫金融事业部管理框架下，分别出台一系列扶贫金融信贷政策，逐步建立单独核算、分账管理、单独考核等配套机制，依托于易地扶贫搬迁贷款、专项建设基金、产业扶贫贷款、扶贫转贷款等渠道加大扶贫支持力度，截至2017年末，开发银行和农发行累计发放中央贴息易地扶贫搬迁贷款1780亿元，惠及建档立卡贫困人口超过500万人。

农发行继续加大农业农村基础设施建设信贷支持力度，2017年累计发放农业农村基础设施贷款8437.2亿元。开发银行继续发挥助学贷款主力银行地位，截至2017年末，累计为2220万人次发放助学贷款1360亿元，覆盖26个省（区、市），县区覆盖率达78%，高校覆盖率达100%。

三、引导地方法人机构回归普惠业务本源

积极引导地方法人银行，特别是农村中小金融机构回归普惠金融业务

本源，下沉经营管理和服务重心，向县域和农村延伸服务触角，充分发挥地缘人缘优势，服务当地、服务社区、服务基层。

保持农村信用社和农村商业银行县域法人地位总体稳定，坚持成熟一家、组建一家的原则，稳步推进农村商业银行组建。截至2017年末，全国共组建农村商业银行1351家，比年初新增129家。农村商业银行机构数量在农村合作机构的占比达到61%，资产和负债占比达到75.5%和75.2%，已经成为农村中小金融机构的主力组成部分。

有序推进省联社加快职能转换，围绕规范履职和强化服务两个重点，连续5年开展省联社履职监管评价，选取有代表性的省联社开展现场检查，充分评估和揭示省联社存在问题并督促整改。持续加强省联社资金业务监管，围绕法人机构农村金融服务需求，不断加强信息科技、交易清算、产品研发等服务能力建设。

继续引导村镇银行布局中西部地区、产粮大县和小微企业聚集地区，鼓励和优先支持在银行业金融机构网点空白乡镇、国定贫困县、省定贫困县以及中西部、老少边穷地区设立村镇银行，开展投资管理型村镇银行和"多县一行"制村镇银行试点，推动村镇银行县域覆盖面稳步提升。截至2017年末，全国村镇银行已覆盖全国31个省（区、市）、1247个县，县市覆盖率达68%，营业网点数达到5302个。在全国758个国家扶贫开发工作重点县和集中连片特殊困难地区县（不含西藏）中已覆盖416个，为填补农村地区金融服务空白作出了积极贡献。

引导城市商业银行利用人缘地缘优势，探索采用专门部门、专营中心、专业支行等形式，突出发展普惠金融的专业化、专门化和本地化定位，拓展服务覆盖和深度。截至2017年末，城市商业银行设立社区支行1829家、小微支行984家。2017年全年城市商业银行设立308家县级机构、155家乡镇级分支机构，县域机构覆盖率为65.8%，在国家级贫困县机构覆盖率为35.6%。

积极引导民营银行坚持差异化市场定位，积极践行普惠金融，强化小微金融、线上信贷、科技金融等服务。截至2017年末，筹建并开业17家民营银行。

专栏2 投资管理型村镇银行和"多县一行"制村镇银行试点

2018年1月9日，原银监会印发《关于开展投资管理型村镇银行和"多县一行"制村镇银行试点工作的通知》（银监发〔2018〕3号，以下简称《通知》）。

针对现行主发起人管理模式协调难度大、成本高、资源不集中等问题，为强化中后台系统支持，提高村镇银行集约化管理和专业化服务水平，《通知》中提出，具备一定条件的商业银行，可以新设或者选择1家已设立的村镇银行作为村镇银行的投资管理行，即投资管理型村镇银行，由其受让主发起人已持有的全部村镇银行股权，对所投资的村镇银行履行主发起人职责。

针对中西部和老少边穷地区部分县域经济总量小、人口少、金融承载能力弱的实际情况，为提高村镇银行可持续经营能力，在实现商业可持续的前提下，加大金融扶贫力度，提高欠发达地区金融服务的覆盖面和可得性，《通知》中提出，在中西部和老少边穷地区特别是国定贫困县相对集中的区域，可以在同一省份内相邻的多个县（市、旗）中选择1个县（市、旗）设立1家村镇银行，并在其邻近的县（市、旗）设立支行，即实施"多县一行"制村镇银行模式。

《通知》完善了村镇银行市场准入政策，优化了村镇银行投资管理模式和设立方式，有利于进一步提升村镇银行县（市、旗）覆盖面，进一步提高普惠金融服务覆盖率、可得性和满意度，是原银监会落实党中央乡村振兴战略、大力支持普惠金融发展和服务脱贫攻坚的重要举措。

四、积极发挥保险公司保障优势

支持保险机构稳步开展支农支小金融服务，优化完善农业保险保单质押融资、小额贷款保证保险、信用保险等业务模式，进一步扩大保险服务覆盖面。

推进农业保险稳健快速发展，目前已有33家保险公司开展农业保险，2017年末农业保险参保农户达2.1亿户次，承保农作物达到21亿亩。全面实施大病保险，2017年已实现了对10.6亿城乡居民的全覆盖，2017年全国大病患者实际报销比例在基本医保的基础上平均提升了13.99%。五年多来大病保险已赔付超1700万人次。积极开展贫困人口商业补充医疗保险，2017年共赔付22.84亿元，赔付人数220万人，部分地方将贫困人口自付医疗费用降低到10%以内，有效缓解了"因病致贫""因病返贫"现象。立足服务民生，面向欠发达地区、比较困难行业和低收入群众发展小额人身保险，目前已覆盖全部31个省（区、市）的1.1亿人，保费收入30余亿元。

五、发挥多层次资本市场作用

发挥多层次的资本市场服务普惠金融作用，着力为小微企业、三农等重点客户提供更加优质便捷的金融服务，与银行信贷等间接融资互为补充。

证监会着力优化资本形成机制，打造适应小微企业、三农特点的直接融资链。支持涉农企业依托多层次股权市场融资。2017年，5家涉农企业完成IPO，募集资金36.82亿元，6家涉农企业实施增发（包括定增、可转债、优先股），募集资金87.62亿元。支持符合条件的中小微企业在全国中小企业股份转让系统（新三板）挂牌，截至2017年末，新三板挂牌公司11630家，其中中小微企业占比94%。规范发展区域性股权市场，国务院办公厅印发《关于规范发展区域性股权市场的通知》（国办发〔2017〕11号），稳步扩大中小微企业在区域性股权市场融资规模，截至2017年末，全国40家区域性股权市场共有挂牌企业2.54万家，累计为企业实现融资9125亿元。进一步扩大中小微企业债券融资规模，2017年交易所市场中小微企业发行公司债券176只，融资金额1197亿元。推动"双创"公司债试点，缓解科技型高成长性中小微企业的融资难问题，截至2017年末，共发行创新创业公司债券28单，融资金额41.99亿元。2017年9月，全国首单国家级贫困县精准扶贫资产证券化项目—国金—阆中天然气资产支持专项计划成功设立。同月，首单专项扶贫社会责任债券—宜昌长乐投资集团有限公司非公开发2017年社会责任公司债获批。发挥多重效应，募集资金专项用于扶贫项目，由中央输血变地方造血。截至2018年3月，交易所债券市场共支持贫困地区企业发行公司债220亿元、资产支持证券68亿元。

六、发挥各类新型机构补充作用

中央金融管理部门和各地人民政府按照有关职责划分，合力规范发展各类新型机构，督促新型机构明确支农支小服务定位，发挥普惠金融补充作用。

推动金融租赁公司发挥融资与融物相结合的特色功能，创新租赁模式，加大对三农支持力度，通过厂商租赁等方式开展小微企业租赁业务，促进小微企业设备更新和技术升级。截至2017年末，金融租赁公司的小微企业租赁业务余额达到4581.39亿元。

引导消费金融公司发挥"小、快、灵"独特优势，合理满足城乡居民消费金融需求。截至2017年末，全国已开业的消费金融公司有22家。

引导小额贷款公司回归本源、立足主业，坚持"小额、分散"原则，更好地满足小微企业和三农等领域的融资需求，截至2017年末，全国共有小额贷款公司10571家，贷款余额10656亿元，近一半贷款余额投向小微企业和三农领域。

引导融资担保公司扩大小微企业和三农融资担保业务规模，2017年末，融资担保行业共有法人机构6313家，融资担保在保余额21864亿元，小微企业融资在保余额10043亿元，在保户48万户，涉农融资在保余额2345亿元、户数45万户，在缓解小微企业和三农融资难方面取得积极成效。

第三部分

健全工作机制
构建普惠金融市场化经营模式

- 强化基层党政组织和金融机构协同，破解服务难题
- 引导完善内部经营机制，提升专业化服务能力
- 建立健全风险分担机制，提升服务动力
- 搭建金融服务平台，提高资源对接效率

发挥基层党政组织在信息、组织方面的优势，与银行业金融机构在机构、人员、信息、风控等方面的有效对接，共同搭建起政银融合的基础金融服务平台。引导银行业金融机构通过完善内部经营机制，激发内生动力，增加普惠金融领域资源配置，提升提高专业化服务能力。建立政府性融资担保体系、信用保证基金等信用增进和风险分担机制，为银行业金融机构提供风险保障。搭建金融服务平台，为金融机构获取客户、企业获得金融服务提供便利。

一、强化基层党政组织和金融机构协同，破解服务难题

不少金融机构在乡、村一级缺乏机构和服务人员，难以有效触及客户，且缺乏客户信用信息。湖北、河南、青海等省份创新采取了金融机构与基层党政组织相结合的形式，发挥基层党政组织的信息、组织优势，与金融机构在人员、信息、信用、风控等方面有效对接、资源共享，共同搭建起政银融合的农村金融服务平台，拉近金融机构与农户的距离，缓解因信息不对称引起的金融服务不足问题，有效疏通了农村金融"毛细血管"。湖北依托政府网格化信息管理平台建立的金融网格化工作站，河南由县金融服务中心、乡金融服务站、村金融服务部构成的"三级联动"服务体系，青海通过"银行物理网点+'双基联动'信贷工作室+流动服务车"模式实现对游牧人群的追随式服务等。

专栏3　湖北实施"金融服务网格化"战略

湖北银监局自2015年起，组织全省银行业实施"金融服务网格化"战略，借鉴地方政府网格化管理的做法，依托政府网格化信息管理平台，将社区和乡村的综治网格重新划分成若干金融网格，一个金融网格包含一个及以上综治网格，并将银行服务资源均衡配置于各个网格中（每个金融网格至少设有一个网格化工作站），以此促进金融资源的优化配置，提升金融服务均等化水平和服务效率。经过几年的实践，"金融服务网格化"模

式基本成熟、成效显著。同时还开展"网格化+"行动：**一是"网格化+惠农支小"**，惠及城市居民、小微企业、农户等普惠群体107万户，建立信用档案1740万份。**二是"网格化+精准扶贫"**，在全省31个集中连片地区贫困县的394个乡镇建立网格化扶贫工作站，将银行服务和金融产品延伸到贫困县、乡、村，增强贫困户"造血"能力。**三是"网格化+社会综治"**，宣传防范非法集资和金融诈骗等知识，教育居民树立理性理财意识，对非法集资做到能识别、不参与、敢揭发，事后从案件侦办、财产清查、法律援助等各方面给予全方位支持。**四是"网格化+基层党建"**，基层党组织通过网格站参与对企业、居民的授信监督，开展金融知识宣传活动，拓展了服务功能，促进基层党建工作。

专栏4　青海探索创新"双基联动"模式

青海银监局于2015年初探索创新了"双基联动"模式，基本思路是"搭建一个平台、发挥双重优势、实现多方共赢"。**搭建一个平台**，就是基层党组织与基层银行合作，在行政村联合建立信贷工作室，搭建为农牧户提供基础金融服务的新平台。**发挥双重优势**，就是基层党组织发挥信息、组织、政治优势，基层银行业机构发挥资金、技术、风控优势，实现优势互补和资源整合，建立基层党组织与基层银行"双向挂职、双签协议、双办业务、双评信用、双控风险"的"五双"机制，共同完成对农牧户的信用评级、贷款发放及贷款管理等过程的联动。**实现多方共赢**，就是通过"双基联动"实现加强基层党组织建设、发展普惠金融、振兴农牧区经济、增加农牧民收入的一举多赢。

截至2017年末，全省开展"双基联动"的银行基层网点发展到413家，互派挂（兼）职人员3976人，建立信贷工作室2970个，覆盖面达70%，贷款余额95.2亿元，同比增长2倍，累放贷款达到130.1亿元，惠及76.7万（户）农牧民。依托"双基联动"合作贷款模式建立经济信息档案

37万户，其中建立信用户档案29.7万户。

二、引导完善内部经营机制，提升专业化服务能力

为提升银行业金融机构普惠金融服务能力，提升主动性和专业性，原银监会持续引导银行业金融机构加强专业化经营机制建设，在前期提出建立小企业授信"六项机制"①和小微企业专营机构"四单原则"②的基础上，指导大中型商业银行设立普惠金融事业部时建立"五个专门"③经营机制，指导银行制定小微企业授信尽职免责制度，2018年进一步将相关要求扩展至普惠型涉农贷款、扶贫小额信贷和精准产业扶贫贷款。目前，国有大型银行均围绕普惠金融业务制订了专门信贷计划，安排了专项激励费用，提高了考核分值权重，制定了尽职免责办法，对普惠金融重点领域贷款给予相应内部资金转移价格优惠。

专栏5 单列信贷计划，引导资源向普惠金融领域倾斜

2008年，原银监会提出单列小微企业信贷计划，抓住信贷投放的"牛鼻子"，引导银行业金融机构主动调整信贷结构，切实加大小微企业信贷资源投入，为全国小微企业贷款余额的持续增长提供了有力保障。2018年初，原银监会进一步将单列信贷计划的监管要求扩展至普惠型涉农贷款、扶贫小额信贷和精准产业扶贫贷款。通过年初单列计划、年中跟踪监测、年末通报等方式，指导银行业金融机构层层分解信贷计划，并通过季度例会、窗口指导、书面通报、监管约谈等方式强化督导，确保完成信贷计

---

① 六项机制：利率的风险定价机制、独立核算机制、高效的审批机制、激励约束机制、专业化的人员培训机制，违约信息通报机制。
② 四单原则：单独的信贷计划、资源配置、客户认定与信贷评审、会计核算。
③ 五个专门：包括专门的综合服务、统计核算、风险管理、资源配置、考核评价。

划，并对贷款基数大、占比高的银行业金融机构实施差异化考核。2017年五大国有银行单列小微企业信贷计划增量合计达到5529亿元。工商银行将一级分行小微信贷计划完成情况与其主要负责人考核任用挂钩，对完成较差的分行按季度实施考核降档。

专栏6 落实从业人员尽职免责办法

2016年12月，原银监会印发《关于进一步加强商业银行小微企业授信尽职免责工作的通知》（银监发〔2016〕56号），要求商业银行完善内部尽职免责制度，对有充分证据表明授信部门及工作人员按照有关法律法规、规章和规范性文件以及银行内部管理制度勤勉尽职地履行了职责的，应免除其全部或部分责任，包括内部考核扣减分、行政处分、经济处罚等责任。该通知印发后，各地、各银行积极出台有关制度，推动政策落地。四川银监局督促银行业金融机构自查自纠，组织开展监管评估，持续开展监测督导，有效督促小微企业授信尽职免责工作要求落地。农业银行对小微企业授信尽职免责的认定要求、免责事由、认定程序等方面进行了详细规定。建设银行对经办小微企业业务人员制定了专门的尽职免责管理制度，推动尽职免责机制落地。

专栏7 工商银行着力加大内部资源保障力度

工商银行坚持为普惠金融业务发展提供充分的资源保障。在信贷规模上，及时为业务发展较快的分行追加规模，不设上限、优先保障。在统一的经济资本计量标准框架内制定了普惠金融经济资本计量优惠政策，对小微企业贷款专门设置了75%的经济资本调节系数，低于一般贷款100%的调节系数水平。在资金价格上，从2018年起对普惠金融重点领域贷款给予25BP的内部资金转移价格优惠，鼓励分行降低普惠贷款利率。

三、建立健全风险分担机制，提升服务动力

（一）建设政府支持的融资担保体系

融资担保是普惠金融体系的重要组成部分，对于发展普惠金融，促进资金融通，特别是解决小微企业和三农融资难融资贵问题具有重要作用。2017年8月，《融资担保公司监督管理条例》（以下简称《条例》）颁布，作为融资担保行业基本制度，为规范融资担保公司行为、防范风险提供了根本保障。《条例》中明确国家推动建立政府性融资担保体系，发展政府支持的融资担保公司，建立政府、银行业金融机构、融资担保公司合作机制，扩大为小微企业、三农提供融资担保业务的规模并提供较低的费率。

设立国家融资担保基金，坚持"政府支持、市场运作、保本微利、管控风险"的原则，坚持融资担保业务的准公共产品属性，通过市场化手段、专业化管理，吸引社会资本积极参与，支持融资担保和再担保机构发展壮大，推动形成政府支持、资源共享、风险共担、统筹兼顾、多级联动的融资担保体系，引导和带动各方资金扶持小微企业和三农。

建立包括全国、省级和市、县农业信贷担保的政策性农业信贷担保体系。2016年5月，国家农业信贷担保联盟有限责任公司成立。截至2018年3月末，29个省（自治区、直辖市）及4个计划单列市已组建省级农业信贷担保公司，并以办事处、分公司等形式设立市县分支机构431个。各省农担公司共计实现在保余额323.8亿元，在保项目个数84267个，平均每个担保项目金额38.4万元。

专栏8　《融资担保公司监督管理条例》促进行业支农支小

《融资担保公司监督管理条例》立足我国国情，围绕融资担保支农支小导向，规定了一系列政策扶持措施，主要包括：国家推动建立政府性融资担保体系，发展政府支持的融资担保公司，建立政府、银行业金融机

构、融资担保公司合作机制，扩大为小微企业和三农提供融资担保业务的规模并保持较低的费率水平；各级人民政府财政部门通过资本金投入、建立风险分担机制等方式，对主要为小微企业和三农服务的融资担保公司提供财政支持；政府支持的融资担保公司应当增强运用大数据等现代信息技术手段的能力，为小微企业和三农融资需求服务；被纳入政府推动建立的融资担保风险分担机制的融资担保公司，应当按照国家有关规定降低对小微企业和三农的融资担保费率。《融资担保公司监督管理条例》以行政法规的形式，对上述政策扶持措施作出明确规定，有利于进一步提升政策措施的稳定性和权威性，形成了良好社会预期，对于增强融资担保行业为小微企业和三农服务的意愿和能力，具有重要意义。

专栏9　安徽农业信贷担保公司"劝耕贷"模式

安徽农担公司"劝耕贷"以勉励、鼓励、奖励农耕为立意，创新财政与金融协同支农服务新机制，构建"资源联手开发、信贷集合加工、风险共同管理、责任比例分担"的农业信贷担保业务新思维，打造政银担"抱团"服务新型农业经营主体工作新组合，推广"低成本、少环节、成批量、可持续"支农信贷新产品。截至2018年6月末，"劝耕贷"已累计为9674户种养大户、家庭农场、合作社、小微农业企业等新型农业经营主体提供担保贷款43.5亿元，业务已在全省69个县（市、区）落地，其中近七成贷款主体是通过担保增信的方式首次在金融机构获取贷款，有效打通金融资源流向新型农业经营主体的"最后一公里"。"劝耕贷"以鲜明的创新特点凸显优势，精准植入乡村振兴战略。**一是信贷理念创新。**构建"成长优先、信用为王"崭新的信贷理念，颠覆"抵押优先、避险为王"传统的信贷理念。**二是服务对象精准。**专注种养大户、家庭农场、农民合作社等农业适度规模经营主体。**三是融资成本低廉。**信贷综合成本（含担保费）不超过6.4%。**四是抱团协作紧密。**操作过程中政府、银行、担保既分工明确，又紧密抱团，实现错位把关、联合发力。**五是风险管控闭环**。构建立体防线，实现风控闭环：通过规范的建档立卡、筛选比对，防范原发性风险；通过期限匹配、信用接续、经营托管、资产接管等方式，防范经营风险；通过免责审计、问责督察、追责公证的交叉监管、联动控制，防范道德风险。**六是共建共享共赢**。各参与方均在其中实现价值、达到目标。为政府助推了产业发展、精准对接了脱贫攻坚、优化了乡村治理；为合作金融机构回归本源开辟了路径，保障了信贷安全，创造了展业空间；为适度规模经营主体赢得发展机会。

专栏10 中关村科技融资担保公司"一二三中关村模式"

中关村科技融资担保公司成立19年来，在政策支持引导下，专注服务中小微科技企业，依托15亿元财政资金投入，通过专业化管理和市场化运作，高效运营担保资源，截至2017年末，累计为3万多个中小微企业项目提供融资担保2100亿元，解决了数千家小微企业的"首贷难"问题，财政投入的杠杆倍数超过300倍，并逐步形成了具备自主造血功能、不依赖财政单维度输血的可持续的中关村科技担保发展模式，核心内涵为"一个中心、两个基点、三项机制"。

"一个中心"：聚焦服务科技和现代服务业中小微企业，集中体现政策要求。坚持提高中小微企业融资可获得性，不断扩大担保规模和服务覆盖面，有效降低企业融资成本。

"两个基点"：差异化风控体系和创新融资服务产品，为政策目标实现提供有力保障。围绕科技型中小微企业全生命周期特点，建立普惠式、表单式、个性化三层次差异化风控体系，并形成覆盖间接融资和直接融资产品的创新融资服务体系。"两个基点"是政策性目标实现的有效手段。

"三项机制"：市场化自主经营机制、专业人才激励约束机制和以融资担保业务为核心的综合金融服务机制，为政策落地提供有力支撑。公司运作遵循市场规律，坚持独立专业决策；通过有竞争力的绩效激励制度和"奖一罚五"的准备金制度，建设稳定、有动力、有竞争力的专业团队；围绕融资担保业务，开拓非融资担保、直接债权服务及保投联动等综合金融产品服务，实现以增值服务收益反哺政策性业务。"三项机制"是市场化对政策性属性的支撑和保障。

（二）各地建立各具特色的风险补偿机制

内蒙古、上海、江苏、浙江、福建、山东、重庆、新疆、青岛、深圳等地设立了小微企业贷款风险补偿机制，对银行发放的小微企业贷款实施风险补偿，调动银行发放小微企业贷款的积极性。黑龙江、浙江、河南、陕西、深圳等地建立融资担保机构风险补偿机制，引导融资担保机构加大普惠金融服务力度。

专栏11 浙江省台州市小微企业信用保证基金

浙江省台州市于2014年11月建立了大陆首只小微企业信用保证基金。信保运行中心作为基金委托运行机构，其性质是经市政府批准，依法在市事业单位登记管理部门登记注册，定位于从事小微企业信用保证等业务的非营利性社会组织，采取政府出资为主、银行捐资为辅的方式，实行理事会领导下的总经理负责制、企业化管理和市场化运作。信保基金对单个企业担保额度最高不超过800万元，年担保费率控制在0.75%以内，同时约定贷款利率上浮不得超过同期人民银行基准利率的60%，不得附加收取额外费用或增加第三方担保。

组织及运作形式上，信保基金由政府出资和金融机构、其他组织自愿捐资组成，原则上按政府出资及银行捐资8：2的比例设置，初创设立规模为5亿元，可视情况通过省、市共建等方式扩容至15亿元，按10倍杠杆为小微企业提供增信担保。在风险控制上，按照"总额控制、市县联动、统分结合、权责对等"的运作模式，控制基金保证额度。担保贷款一旦出险，由信保中心和贷款银行按比例共同承担。捐资银行按2：8的比例分担，非捐资银行按3.5：6.5的比例分担。

业务模式上，有间接保证和直接保证两种，目前主要以间接保证为主，即由合作贷款银行推荐借款人向信保基金申请担保，信保基金借助银行第一道审核后再实施第二道审核。截至2017年末，信保基金累计承保9118笔，承保金额122.78亿元，在保余额52.84亿元，在保户数4461户，服务小微企业6675家。

（三）发挥保险增信作用

2015年，原保监会牵头印发《关于大力发展信用保证保险 服务和支持小微企业的指导意见》，为信用保证保险缓解小微企业融资难题、扩大保险覆盖面，提供良好的政策环境。以"宁波经验"为典型模式，探索形成"政府+银行+保险"小额信贷风险共担模式，保险公司承担部分贷款风险，政府专项资金给予一定风险补偿、保费补贴、利息补贴，促进小微企业融资。2017年，全国小额贷款保证保险业务累计实现保费收入33.77亿元，承保金额466.39亿元，为11.09万家小微企业获得银行融资金额292.73亿元。

专栏12　小额贷款保证保险"宁波模式"

为解决小微企业、农业种植养殖户融资难问题，2009年，宁波市创新推出小额贷款保证保险，为抵押担保不足、银行授信不高的小微企业、城乡创业者、三农等主体提供融资增信服务，探索形成了"宁波模式"。**一是创新一个产品。**创新开发城乡小额贷款保证保险产品"金贝壳"，具有无需抵押担保、融资成本较低、服务简单便捷的特点。**二是依托两大行业。**银行和保险两大行业风险共担，共同制定业务操作流程，在多个环节紧密合作、信息共享。保险方面成立了运营中心，作为小贷险业务试点期专管专营机构。**三是定位三类客户。**主要支持政府鼓励发展行业的初创期小微企业，农产品加工、农业种植养殖户、家庭农场、农业精品园等涉农产业，专业市场、综合商场、城乡集市、电商平台个体工商户等城乡创业者三类群体。**四是抓好四个环节。**保险公司开发了连接各合作银行的业务系统，通过系统控制整个业务流程，重点管控申请发起、现场调查、审查审批、签单放贷四个核心环节。**五是建立五项机制。**为防范风险，保证业务可持续发展，建立了风险识别、风险跟踪、欠款追偿、失信惩戒、超赔保障等五项风险控制机制，宁波市财政在2012年至2017年累计投入补贴8729万元专项资金用于支持弥补业务经营损失。"宁波模式"利用新型信用保证机制，突破了小微企业和三农抵押、担保难的瓶颈，以其简便的程序、合理的融资成本，有效丰富了融资渠道，截至2018年3月末，累计支持初创型小企业、城乡创业者和农业种植养殖户信贷业务1.92万笔，贷款金额157.85亿元。

四、搭建金融服务平台，提高资源对接效率

多个地区由政府出面，整合金融机构产品资源、企业金融服务需求、风险分担机制、信用信息共享机制等多方资源，构建一站式金融服务平台，为金融机构获取客户、企业获得金融服务提供便利。

专栏13　江西省赣州市试点打造"普惠金融共享平台"

江西银监局立足"共享"发展理念，从补短板、建平台、提质效入手，推动赣州市试点打造"普惠金融共享平台"。该平台充分运用大数据、云计算等新兴信息技术，有效整合政务信息资源和金融信息资源，通过构建"金融宣传""金融产品""特色服务""政银企对接""大数据查询"五大关联系统，实现信息数据互联互通，为助力赣南苏区振兴提供

了金融新平台、新动能。**一是聚焦"金融宣传"。**平台内容涵盖最新经济金融政策发布和解读、金融业务知识和风险防范技巧等内容，与线下集中宣传教育活动相结合，构建多层次、广角度的公众金融教育长效机制，着力解决公众金融教育不持续问题。**二是聚焦"金融产品"。**平台重点聚焦三农（精准扶贫）、小微、创业就业和大中专学生等群体，企业及个人用户通过精准查询或关键词查询两种模式，精准定位自身需求，并通过网络链接或服务热线快捷地办理相关金融业务。**三是聚焦"特色服务"。**平台设有个人征信、银行押品拍卖公告、信用卡优惠活动等九个子栏目，既能较好地满足客户对其他特殊金融服务方式的需求，又解决了金融企业宣传面狭窄的问题，充分实现互助互赢。**四是聚焦"政银企对接"。**平台包含对接信息发布、自由邀约洽谈、重大（重点）项目推介和发展普惠金融建议四个子栏目，打破了以往信息单向传导的模式，为政银企搭建了一个常态化的实时对接渠道。**五是聚焦"大数据查询"。**平台分全国查询和本地查询两个小子目，可查询工商登记信息、建档立卡贫困户信息、失信人名单等40项信息内容，整合了银行授信管理所需要的基本信息，缓解了银行风控信息查找难、核实难问题。

专栏14　深圳市搭建创业创新金融服务平台

深圳市创业创新金融服务平台按照"政府搭建、市场化运作"的原则，整合政府信息资源和金融服务链条，集聚了银行、保险、天使、创投、担保、再担保等各类金融服务主体，为企业提供近百种融资产品和服务组合，并整合市区两级政府风险补偿、代偿等多项政策，实现投融资一站式服务和便捷高效对接。同时，平台整合工商、税务、社保、公安等33个单位、10个辖区的近500项企业信息，缓解信息不对称的问题，进一步提升金融服务企业质效。截至2017年末，深圳金融服务平台注册金融机构105家，发布115项金融服务，企业注册总数为13616家，发布融资需求31.7

亿元，累计解决融资需求18.6亿元。

专栏15 江苏搭建综合金融服务平台

2017年，江苏省委省政府要求省金融办牵头，并成立江苏省联合征信公司提供技术支持，依托现代互联网技术研发建设了线上综合金融服务平台。2018年3月，江苏省金融办联合江苏银监局和人民银行南京分行出台《金融机构接入江苏省综合金融服务平台管理办法（银行版）》，引导银行业金融机构积极接入平台，发布金融产品，利用平台整合的政府扶持政策、公共信用信息、社会征信信息等资源，有效对接企业融资需求，提高融资服务效率，降低融资成本，并有效防控信贷风险。

第四部分

聚焦薄弱领域
创新普惠金融产品服务

- 推进小微企业续贷业务，缓解资金周转难题
- 依托核心企业，以供应链金融实现批量营销
- 完善贷款审批流程，提高服务效率
- 合理压缩企业开户时间，助力改善营商环境
- 创新农村抵押贷款，缓解"缺抵押"难题
- 开展林权抵押贷款业务，盘活森林资源
- 推动扶贫小额信贷健康发展，促进精准扶贫
- 积极服务"大众创业、万众创新"，助力经济转型
- 推广创业担保贷款，扩大受益范围
- 创新农业保险产品，满足多样化保险需求
- 创新农产品期货期权产品，降低农业价格风险

金融机构在服务小微企业、农户、贫困人群等普惠金融重点服务对象时，往往面临客户分散、资信水平不高、信息规范化标准化不足、缺乏有效抵质押物等问题。为解决这些客户的融资难问题，在相关部门的积极支持和推动下，金融机构针对小微企业、农户、新型农业生产经营主体等普惠金融重点领域"短、小、频、急"的金融需求，加大创新力度，不断改进服务方式，打造专属产品服务体系，有效弥补薄弱领域金融服务短板。

一、推进小微企业续贷业务，缓解资金周转难题

近年来，针对小微企业续贷难、贷款期限与实际经营周期不匹配的问题，原银监会持续加强政策引领、强化监管检查、完善配套机制，积极引导和鼓励银行业金融机构开展续贷业务，解决企业贷款期限与实际经营周期不匹配的问题，缓解小微企业贷款到期资金周转难题，提高贷款资金使用效率，减轻企业短期高成本自筹资金压力。自2014年起连续出台政策，要求银行业金融机构根据小微企业生产经营和用款特点，合理确定贷款期限、创新还款方式、完善续贷业务配套制度。2016年开展融资难、融资贵问题的专项检查，将银行续贷政策执行不到位、续贷业务推广不力的问题作为检查重点，督促问题机构积极加强整改。

目前，大型银行、股份制商业银行、邮储银行均已开展续贷业务，四川、福建、江苏、浙江、广西等地区续贷业务开展机构占比达60%以上。多数银行机构已从准入条件、评分模型、审批手续、贷后风控等方面建立续贷业务配套机制，创新推出"转期贷""年审贷""周转贷"等续贷产品，企业可在授信期间内循环用信、随借随还。一些银行试点推行续贷业务"名单制"管理机制，对经营情况良好、有转贷需求的小微企业建立准入名单，在贷款到期前提前进行授信审批，可实现多笔流动资金贷款无缝对接。

专栏16　泉州银行创新续贷产品"无间贷"

泉州银行在"泉州金改区"建设的背景下，创新小微企业还款方式，

在全国率先推出"无间贷"业务，对传统的续贷审批流程进行优化，对符合条件的小微企业，在原贷款到期时无须归还贷款本金，重新签订合同即可完成续贷。"无间贷"业务开办以来，泉州银行从受益面、覆盖面、特色功能扩展、服务流程等方面持续优化升级，逐步从无还本续贷的业务品种向贷款方式与信贷文化转变。目前"无间贷3.0"已融合了"线上自助循环贷""超能卡""尚好贷""两权抵押贷款"和"渔贷通"等业务，实现自主使用、随借随还、循环使用、支付结算、财富管理等功能。整合CRM系统、征信系统、金融信息平台等平台数据自动筛选客户信息，主动核定全行客户的办理资质，对符合条件的企业在其贷款到期前由客户经理主动提示为其提供"无间贷"业务。截至2017年末，泉州银行累计办理"无间贷"业务6854笔，累计发放金额175.92亿元，贷款余额69.18亿元，惠及3019户小微企业及个体工商户，累计为客户节约融资成本2.5亿元，无还本续贷业务的笔数和金额覆盖率分别为70.13%和57.54%。

二、依托核心企业，以供应链金融实现批量营销

银行通过与核心企业信息互联，高效、及时地获取信息流、资金流、物流等数据，基于真实贸易背景及核心企业增信措施，为产业链上下游企业提供融资服务，既可有效降低信息不对称，又可对供应链上下游的小微企业进行批量授信、批量开发。光大银行与国家粮食交易中心推出"小微企业政策粮交易在线融资平台"，解决涉农小微企业在政策粮竞价交易中的短期融资需求。九江银行与江西省供销社合作，共同打造农资供应链平台，为农资经销商提供融资服务。

专栏17 农业银行"数据网贷"业务

农业银行"数据网贷"通过"核心企业推荐+历史数据分析"的方法，解决传统供应链融资模式下银企信息不对称、贸易真实性难以核查等

问题，向核心企业上下游小微集群客户提供全流程线上化的供应链融资服务。"数据网贷"实现了系统自动授信审批、客户自助提款、风险在线监测、贷款资金封闭管理的经营模式，构建了小微企业信贷业务批量营销、批量授信、批量管控的运营流程。截至2018年9月末，"数据网贷"已对接比亚迪集团、蒙牛集团、新希望六和、中国建筑、全国棉花交易中心等30家核心企业，累计发放贷款1.9万笔，累计发放贷款金额65.52亿元。

三、完善贷款审批流程，提高服务效率

为进一步改进银行业小微企业信贷服务，提高服务效率，合理压缩获得信贷时间，优化营商环境，2017年5月4日，原银监会印发《提高小微企业信贷服务效率　合理压缩获得信贷时间实施方案》（银监办发〔2017〕61号），引导商业银行改造小微企业信贷流程和信用评价模型，合理设定授信审批条件，提高审批效率。鼓励商业银行对符合相关条件的小微企业客户，探索运用零售业务管理技术，在合理评估风险的前提下，优化小微企业贷款审批政策和流程。支持有条件的商业银行在风险可控、审慎经营的前提下，在内部管理与操作流程中对小微企业贷款办理时限做出明确规定。中国银行"信贷工厂"模式将授信流程从200多个步骤减少至23个，审批时间从2~3个月缩短为5~7个工作日，最快当天即可完成审批。一些银行大力推行以移动终端上门服务、以流水线分工审批授信的小微企业贷款移动作业模式，例如浙江泰隆银行通过移动终端加流水线分工，完成一笔新增贷款手续最快30分钟，续贷仅需3分钟。

四、合理压缩企业开户时间，助力改善营商环境

为进一步深化"放管服"改革、优化营商环境，2017年12月，人民银行印发《关于优化企业开户服务的指导意见》（银发〔2017〕288号），从调整银行开户流程、改进银行账户许可服务等方面提出十五项措施，明确要求开通小微企业绿色通道并实行"2+2"开户限时办结制，即银行原

则上开户审核要2天、人民银行行政许可要2天。同时，要求通过推行电子
渠道预约开户、建设行政许可预审核系统等提高效率。目前企业开户时间
得到明显压缩，全国大部分地区可实现4天以内完成开户。

五、创新农村抵押贷款，缓解"缺抵押"难题

2015年，国务院印发《关于开展农村承包土地的经营权和农民住房
财产权抵押贷款试点的指导意见》（国发〔2015〕45号），部署开展"两
权"抵押贷款试点工作。2016年，人民银行会同相关部委印发《农民住房
财产权抵押贷款试点暂行办法》（银发〔2016〕78号）和《农村承包土地
的经营权抵押贷款试点暂行办法》（银发〔2016〕79号），确立了232个
农地抵押贷款试点县（市、区）和59个农房抵押贷款试点县（市、区），
建立了"两权"抵押贷款专项统计制度，随即推动30个省级政府成立试点
工作小组、出台实施方案，指导银行业金融机构建立专项信贷管理制度。
截至2017年末，全国232个农地抵押贷款试点县贷款余额319亿元，59个农
房抵押贷款试点县贷款余额217亿元。2016年5月，原银监会、原国土资源
部联合印发《农村集体经营性建设用地使用权抵押贷款管理暂行办法》
（银监发〔2016〕26号），在15个县（市、区）开展农村集体经营性建设
用地使用权抵押贷款试点，2016年12月将试点地区由原有15个县（市、
区）扩大为33个县（市、区）。2017年12月，原银监会、原国土资源部联
合印发《关于延长农村集体经营性建设用地使用权抵押贷款工作试点期限
的通知》，将试点期限延长一年至2018年底。

六、开展林权抵押贷款业务，盘活森林资源

2008年，党中央、国务院发布《关于全面推进集体林权制度改革的意
见》（中发〔2008〕10号），明确健全林权抵押贷款制度。2013年，原银
监会、原国家林业局联合印发《关于林权抵押贷款的实施意见》（银监发
〔2013〕32号），明确提出林农和林业生产经营者可以用承包经营的商品
林做抵押从银行贷款用于林业生产经营。2017年，原银监会、原国家林业

局、原国土资源部联合印发《关于推进林权抵押贷款有关工作的通知》（银监发〔2017〕57号），进一步明确了林权抵押贷款政策。截至2017年末，林权抵押贷款余额818亿元，比2012年增加500亿元，年均增长25%。林权抵押贷款的开展，缓解了农户因缺乏有效抵押担保而贷款难的问题，有效促进了集体林业适度规模经营，盘活了森林资源价值，带动林农就业增收，践行了"绿水青山就是金山银山"的理念。

专栏18　浙江省丽水市创新林权抵押贷款模式

浙江省丽水市是"九山半水半分田"的典型山区，为盘活农民巨大森林资源宝库，丽水在前期试点基础上，率先创新林地流转经营权抵押、公益林收益权质押等林权抵押贷款模式，全面提升服务质效，推进增量扩面。授信额度由平均每户4200元提高至13.35万元，最高可达30万元；贷款利率比原来普遍下降40%，比其他担保类贷款少上浮5%；贷款期限从原来的1年延长到3~5年，育林造林和林业基础设施建设贷款最长可达10年。庆元联社创新"统一评估、一户一卡、随用随贷"的"林权IC卡"林农小额贷款管理模式，减免评估程序。截至2017年末，林权抵押贷款业务开办行从原来仅1家农信社增至30家，涵盖辖内所有机构类型，贷款余额达到2012年的两倍，占全国总量近十分之一。

七、推动扶贫小额信贷健康发展，促进精准扶贫

扶贫小额信贷是为建档立卡贫困户量身定制的金融精准扶贫产品，是银行业金融机构实施精准扶贫、精准脱贫方略的重要举措。2014年12月，国务院扶贫办、财政部、人民银行、原银监会、原保监会五部门联合印发《关于创新发展扶贫小额信贷的指导意见》（国开办发〔2014〕78号），启动扶贫小额信贷工作。2017年7月，原银监会、财政部、人民银行、原保监会和国务院扶贫办联合印发《关于促进扶贫小额信贷健康发展的通

知》（银监发〔2017〕42号），进一步明确扶贫小额信贷有关政策要点。扶贫小额信贷的政策要点是"5万元以下、3年期以内、免担保免抵押、基准利率放贷、财政贴息、县建风险补偿金"。扶贫小额信贷产品问世以来，在帮助贫困户发展生产、增收脱贫等方面取得了明显成效。截至2017年末，银行业金融机构发放扶贫小额信贷余额2496.96亿元，支持建档立卡贫困户607.44万户，占全国建档立卡贫困户的25.81%。

专栏19　河南省金融扶贫"卢氏模式"

为推进扶贫小额信贷政策落地，从2017年2月起，河南省在国家级贫困县卢氏县开展试点，通过建立金融服务体系、信用评价体系、风险防控体系、产业支撑体系，形成了"政银联动、风险共担、多方参与、合作共赢"的扶贫小额信贷落地模式。扶贫小额信贷获贷率从2016年末的不到1%提高到2017年12月的49.3%。

一是建立金融服务体系。着眼破解"网点少了，服务怎么保障"的障碍，把行政力量、金融力量整合，成立县金融服务中心、乡金融服务站、村金融服务部的三级金融服务网络，构建了"三级联动、政银融合"的服务体系。**二是建立信用评价体系。**着眼破解"两免之后，信用怎么评定"的障碍，建立了尽可能覆盖全部农户的信用信息数据库，实现了农户信用从识别难到信息全的转变。信用信息采集上，按照"三好三强"[①]、"三有三无"[②]的定性标准和144项定量指标；信用等级评价上，将农户分为A级、AA级、AAA级和AAA+级等信用等级，分别给予5万元、10万元、15万元、20万元纯信用贷款；信用动态管理上，采集信息和评定结果统一

---

① "三好三强"：指遵纪守法好、家庭和睦好、邻里团结好，责任意识强、信用观念强、履约保障强。

② "三有三无"：指有劳动能力、有致富愿望、有致富项目，无赌博、吸毒等不良习气，无拖欠贷款本息、被列入贷款黑名单的记录，无游手好闲、好吃懒做行为。

录入信用信息系统，政府与金融机构共享，进行实行动态管理。卢氏县7.1万户农户通过信用评定，覆盖率为82%，其中1.86万户贫困户通过信用评定，覆盖率为80.6%。**三是建立风险防控体系**。着眼破解"投向贫困农户，风险怎么防控"的障碍，通过建立风险补偿机制，推动卢氏县设立5000万元扶贫小额贷款风险补偿金；建立"四位一体"风险分担机制，贷款风险损失由卢氏县风险补偿金、贷款银行、省农信担保和省中小企业担保集团按照2：1：5：2的比例分担；建立贷款熔断机制，对贷款不良率超过5%的行政村及不良率3%以上的行政村数量超过30%的乡镇暂停贷款发放，推动银行从不敢贷变为快放贷。**四是建立产业支撑体系**。着眼破解"产业扶贫，项目怎么选择"的障碍，围绕卢氏县主导产业和特色产业，设计了农户+合作社、农户+龙头企业、合作社+龙头企业等6种合作方式，形成了贫困户扶贫项目有龙头企业带动、合作社组织、生产基地承载的产业发展联结机制，推动产业项目从"小散弱"向"专精深"转变。

四大体系的建立，替代了银行的人工服务成本，降低了银行的农户信用评价成本、风险防控和处置成本，同时破解了"基准利率放贷，成本如何降低"的阻碍。截至2017年末，卢氏县贫困户、合作社、龙头企业三类贷款主体新增扶贫贷款9.2亿元，是2016年同期的10.5倍。其中，6754户贫困户共获得贷款3.3亿元。

八、积极服务"大众创业、万众创新"，助力经济转型

鼓励银行业金融机构针对科技企业特点，探索建立有别于传统信贷业务的科技金融组织架构、管理机制、业务流程、风控手段以及保障体系。截至2017年末，银行业金融机构已设立科技支行、科技金融专营机构等645家；对科技型中小企业和科创企业贷款余额分别为1.7万亿元和0.6万亿元，较年初分别增长22.9%和20.4%；银行业金融机构外部投贷联动项下科创企业贷款余额225.6亿元。台州市对商标专用权质押融资业务配套建立风险补偿机制，与原工商总局开通数据专线办理质押登记，筹建商标转让

交易平台，缓解科创类企业担保难题。截至2017年末，台州累计办理商标专用权质押登记1071件，质押金额85.1亿元，涉及商标2415件，实际发放贷款60.9亿元，办理量约占全国同期的27%。浙商银行开发"双创"系列产品，推动高技术、高学历人才"智慧变现"，贷款余额较年初新增23.9亿元。齐鲁银行2017年发行全国首单"双创"金融债券10亿元，专项支持符合认定标准的高新技术企业、科技企业孵化器经营管理企业、众创空间运营机构、开业3年以内的小微企业等创新创业领域。光大银行联合中山市知识产权局等共同推出科技金融融资产品，以注册商标专用权、专利权、著作权等知识产权作为质押物办理贷款，截至2017年末，已实现投放32笔，金额合计8250万元。

专栏20　上海银行打造科创金融特色产品体系

上海银行积极参与上海科创中心建设，打造科创金融特色产品体系。**一是加大对上海科创中小企业融资支持力度。**上海银行已与本市618户"专精特新"中小企业建立合作关系，占比达全市客户数一半，截至2017年末，贷款余额30.68亿元；以"贷款+远期浮动利率"模式开发信贷产品，将银行贷款收益与科技小微企业的发展周期相结合，截至2017年末，共支持124户科创企业开展"远期共赢利息"业务，总计授信8.06亿元。**二是积极开展与上海中小微企业政策性融资担保基金合作**，针对不同的小微企业客户群，联合推出了"银税保""投贷保""文创保""EN贷"等专项产品方案。截至2018年3月末，上海银行担保基金担保项下企业贷款余额18.5亿元，户均贷款小于300万元，全部为信用担保方式，业务规模位列本市各合作银行首位，基本解决了小微企业担保难题。**三是加大与上海核心企业集团、科技园区联动**，联合支持核心企业产业链上的科创企业、科技园区内的成长型科创企业，与上海临港集团企业、上海信投集团签署科创金融战略合作协议。**四是为上海科技独角兽企业提供专门的综合金融服务，整合行内各条线的资源，为上海科技独角兽企业提供跨境金融、并购、股权定增等专业金融服务。

九、推广创业担保贷款，扩大受益范围

2016年7月，人民银行联合财政部、人力资源社会保障部制定出台《关于实施创业担保贷款支持创业就业工作的通知》（银发〔2016〕202号），明确并扩大了创业担保贷款的支持对象，将创业担保贷款最高贷款额度由原来针对不同群体的5万元、8万元和10万元统一调整为10万元，延长面向个人发放的创业担保贷款的贷款期限，将贷款适用对象由劳动密集型小企业扩大至所有符合条件的小微企业。2018年3月，财政部联合人力资源社会保障部、人民银行制定出台《关于进一步做好创业担保贷款财政贴息工作的通知》（财金〔2018〕22号），进一步扩面提标增质支持就业创业工作，将农村自主创业农民纳入支持范围，取消5年商业贷款记录的追溯期，放宽担保和贴息要求，对还款积极、带动就业能力强、创业项目好的借款个人和小微企业，可持续提供创业担保贷款体系支持。截至2017年末，全国创业担保贷款余额920亿元，全年累计发放595亿元。

十、创新农业保险产品，满足多样化保险需求

各家保险公司纷纷在产品、营销渠道和服务模式上推陈出新，支持农业发展。2017年，保险公司共开发出农业保险产品1714个，涉及超过200类农产品，基本覆盖了种、养、林、渔各个领域。分补贴来源看，地方特色优势农产品保险全年实现保费收入81.2亿元，同比增长31.8%，占农业保险总保费收入的17%。2017年全年农业保险支付赔款366亿元，受益农户5388.3万户次。

重点领域方面，价格保险标的扩大到包括生猪、蔬菜、粮食作物和地方特色农产品共4大类72个品种，实现保费收入12.9亿元，同比增长24.9%，参保农户65.3万户次，同比增长63.2%，提供风险保障227.2亿元，

同比增长41.6%。指数保险已备案19个省（区、市）57款天气指数保险产品，标的涵盖玉米、水稻、小麦、花卉、蔬菜、水产、果业、茶叶、橡胶等农产品。制种保险开办省份达29个，保险标的从单一的水稻扩展至玉米、小麦和蔬菜等多个品种，保险责任从传统的自然灾害风险扩展至种子质量风险等，保费收入1.1亿元，同比增长72.14%。渔业保险开办省份达到26个，实现保费收入4.3亿元，同比增长31%。

十一、创新农产品期货期权产品，降低农业价格风险

目前，我国已上市23个农产品期货品种和2个农产品期权品种，覆盖粮、棉、糖、林木、禽蛋、鲜果等主要农产品领域。相关品种运行平稳，市场功能发挥有效，对稳定农业生产和促进农民增收发挥了积极作用。2017年8月，棉纱期货在郑州商品交易所挂牌交易。2017年12月，苹果期货在郑州商品交易所挂牌上市。稳步扩大"保险+期货"试点，目前已包括天然橡胶、玉米、大豆、棉花、白糖5个品种，试点项目达到79个，试点区域包括黑龙江、新疆、云南等多个地区、覆盖近40个贫困县，各期货交易所支持资金总额达到1.23亿元。

专栏21　建信期货新疆图木舒克"保险+期货+银行"试点

建信期货、建设银行新疆自治区分行与人保财险大连分公司在新疆图木舒克开展"保险+期货+银行"试点，探索"农业补贴、涉农信贷、农产品期货和农业保险联动机制"，为584户棉农提供了低成本的实值亚式期权，为后期赔付提供了支撑。

该项目主要有三个特点：**一是"保险+期货+银行"模式创新升级。**建设银行新疆自治区分行对参与本项目的企业和农户给予优先授信支持，并与建信期货签署涉农风险管理业务合作备忘录，积极寻求缓解融资难问题的市场化渠道。**二是采用实值亚式期权和自动化创新对冲方案有效控制试点成本并提高赔付率。**2017年9月20日建信期货以15800元/吨作为保险目

标价格，当日进场价格为15625元/吨。最终保费合计72.996万元，赔付合计82.7万元，赔付效果显著，赔付率113.29%，户均赔付达到1416元，占当地农户人均年收入的18%。合理的入场价格和自动化创新对冲方案帮助农户实现最优销售价格的同时，节约了保费支出，同时实值期权对后期赔付提供了支撑。**三是新疆生产建设兵团配套可持续性推广支持**。建信期货与新疆生产建设兵团棉麻公司签署战略合作协议，依托新疆生产建设兵团集约化和大农场优势，有效实现了试点项目落地和可持续性推广。

第五部分

运用科技手段
发展数字普惠金融

- 运用新型信息技术手段，拓展银行服务渠道
- 利用金融科技手段，提升信贷服务质量
- 积极稳妥推进互联网保险发展
- 有序发展网络支付
- 稳步推进互联网金融风险专项整治

积极引导各类机构借助互联网等现代信息技术手段，开发基于互联网技术的新产品和新服务，降低交易成本，延伸服务半径，扩展普惠金融服务的广度和深度。许多银行引入云计算、大数据技术，采用移动终端服务、全流程限时、精简业务环节等方式，提高服务质量和效率。保险公司运用保险科技创新产品服务，以较低价格扩大了风险保障范围，提高了特殊群体金融服务的可得性。针对互联网金融领域出现的问题与风险积极稳妥地开展专项整治，促进互联网金融规范健康发展，发挥其在普惠金融领域的补充作用。

一、运用新型信息技术手段，拓展银行服务渠道

（一）银行业金融机构拓展数字化服务渠道

以移动互联网、云计算、大数据等为代表的新型信息技术与银行业务加速融合，银行业金融机构积极探索开展新技术前瞻性应用研究，大力推动科技创新，全方位拓展服务渠道，数字化服务渠道发展迅猛。截至2017年末，主要银行业金融机构的网上银行、手机银行账户数已达32.8亿户，主要电子交易笔数替代率[①]平均达到79.6%，其中，手机银行发展尤为迅速，2013年至2017年手机银行交易笔数增长约23倍，2017年手机银行交易笔数占主要电子交易笔数的31.8%。

专栏22　农业银行"单位开户在线预填"系统

为解决小微企业开户及产品签约业务流程冗长，客户手工填写的资料内容繁多的问题，提高开户效率，农业银行研发了"单位开户在线预填"网页版和掌银版系统，通过"线上预填"及"对公业务预约"两项功能，

---

① 主要电子交易笔数替代率 = 主要电子交易笔数÷全行所有交易笔数×100%，主要电子交易笔数包括ATM机、POS机、VTM、网上银行、电话银行、手机银行、其他电子银行业务交易笔数；全行所有交易笔数包括主要电子交易、柜面交易、其他交易等笔数。

以"网上信息采集、客户预约办理、超级柜台快速处理、中心集中审核"的业务模式，将开户业务的柜台处理流程缩短到30分钟，显著改善了小微企业开立银行结算账户的体验。截至2018年9月末，系统使用次数超过40万次，月均使用近5.5万次，月成功开立对公账户近4万个，成功开办率约73%，一些分行的系统使用率超过了90%。

（二）远程开立Ⅱ、Ⅲ类户扩大账户覆盖

为顺应互联网金融发展和银行账户业务创新需求，便利个人开立和使用银行账户，人民银行以落实账户实名制为核心，施行个人银行账户分类管理改革，允许个人通过网上银行、手机银行等电子渠道开立Ⅱ、Ⅲ类户，在满足账户实名制要求的前提下，有效填补了无银行网点的农村偏远地区的账户和金融服务空白，扩大了账户服务覆盖范围和人群，提升了账户服务的便捷性和客户的开户体验。

二、利用金融科技手段，提升信贷服务质量

商业银行通过互联网、大数据等金融科技手段，提供线上信贷服务，提升服务质量和服务效率。主要包括三种组织形式：一是专注线上的民营银行，如前海微众银行、浙江网商银行，依托股东数据资源、技术能力支持，创新大数据模型风控模式，精耕个人小额消费贷款、电商贷款等特定细分领域，对其他银行发挥带动效应。二是其他银行通过小微金融部、网络金融部、直销银行等内设部门开展业务，依托自身数据积累、合作获取外部数据，优化风险管理模式，开发线上信贷产品，呈现快速发展趋势。三是直销银行子公司试点，目前有中信百信银行，融合股东的技术能力和金融资源，提供个人消费金融、小微企业供应链金融服务。

（一）专注线上的民营银行发挥带动效应

自2015年起，前海微众银行、浙江网商银行陆续推出互联网贷款产品，实现客户准入、审批放款、贷后管理的全流程在线办理。**一是依托主**

要股东的互联网场景获客，主要聚焦个人小额消费贷款、电商贷款领域。前海微众银行拳头产品"微粒贷"通过微信、QQ向个人发放消费贷款，截至2017年末"微粒贷"累计向约1157万人发放贷款8487亿元，贷款余额1401.8亿元，92%的客户贷款余额小于5万元。浙江网商银行主要为阿里巴巴生态圈的电商个人经营者、小微企业发放经营性贷款，截至2017年末累计放款5395.39亿元、5546.55万笔，客户数590.17万户。**二是创新大数据模型风控模式，有效提升服务效率。**微众银行"微粒贷"对白名单客户预授信，客户即时申请、即时出账。网商银行推出"310"贷款模式，即3分钟申贷、1秒钟放款、0人工介入。**三是实现随借随还、按日计息，提升资金使用效率。**线上贷款产品使得客户可以根据生产经营周期灵活安排借款、还款，资金使用效率较高，实际借款成本较低。目前，超过80%的"微粒贷"客户实际笔均融资成本低于100元。

专栏23　浙江网商银行创新金融产品和服务

....

　　浙江网商银行聚焦新业态新场景，依托大数据和互联网为"双创"和小微企业提供互联网信贷产品和延伸服务。**一是电商业务贷款场景。**进一步升级对天猫和淘宝商家的信贷业务，在客户分层、客户成长、平台大促等方面开展更紧密的合作。**二是线下小微商户二维码收款场景。**推出"多收多贷"的信贷服务，围绕蚂蚁支付收单为主的商家，基于用户以交易为核心的多维数据，建立线下商户风险模型，精准提供信贷服务，目前"多收多贷"已服务超过200万小微客户。**三是农户融资场景。**浙江网商银行结合阿里巴巴农业生产资料销售平台和农产品销售平台，为农业产业链上的企业提供从农资采购到农产品销售的整体金融服务方案，并通过农户的生产经营数据搭建数据化风控模型，以实现贷款实时决策，打造养殖业"310"信贷模式。截至2017年末，该行累计放款5395亿元，累计服务小微经营者590万户，单笔贷款支付金额约9000元。

（二）其他银行积极跟进，加速变革

不少银行积极投身数字普惠金融领域，整合银行内部数据、合作获取外部数据，积极创新推出线上产品。

一是主要依托银行内部数据，创新"主动授信+自助办理"贷款产品。建设银行、工商银行运用大数据、云计算等技术，挖掘整合银行内部数据和外部信用信息，建立小微企业信用模型，将风险管理的端口前移，主动授信形成"白名单"，为小微企业提供在线融资服务。建设银行于2016年推出"小微快贷"产品，工商银行自2017年起打造"经营快贷"产品体系。

二是与供应链核心企业实现信息交互，创新全流程在线供应链金融。通过与供应链核心企业互联业务系统，高效、及时地获取信息流、资金流、物流等数据，构建数据模型，系统自动审核贸易背景、审批贷款申请、预警监测风险，大幅提升服务效率。工商银行建立多条线上供应链，通过银企信息电子化交互，实现了贸易背景自动审核、系统自动审批，为企业提供了全线上的融资办理渠道，基本实现了秒贷。农业银行开发"数据网贷"产品，从申请贷款到发放仅需几十秒，实现"即需即贷"。

三是多渠道获取外部数据，开发适应各类场景的信贷产品。农业银行与地方政府合作，批量采集茶农、果农等农户数据，开发"金穗快农贷"产品。建设银行、江苏银行等多家银行与税务部门合作开展线上"银税互动"，通过批量获取小微企业纳税信息，对纳税数据、纳税信用等级进行分析，结合企业其他信息，综合评估其真实经营情况及信用水平，给予差别化授信额度。江苏银行"税e融"产品实现了申请、审批、签约、用款的全流程、全线上、移动化办理，3年多来累计向2.4万户小微企业发放贷款300亿元，并在"税e融"基础上，进一步与电力部门合作推出"电e融"等产品。

专栏24 建设银行推出"小微快贷"

建设银行整合小微企业在行内的资金结算、交易流水、工资发放、存款投资等各类经营数据、交易数据，依托"新一代"核心系统和金融科技优势，建立"小微快贷"全流程线上融资模式。客户可通过网上银行、手机银行进行贷款申请、审批、签约、支用、还款等线上自助操作，在客户信息完整的情况下，只需几分钟即可完成贷款全流程，无须担保机构等第三方机构介入，并支持企业按需支用、随借随还，平均用款周期100天，节省了担保费、担保保证金等中间费用，降低了资金占用成本，契合小微企业"短小频急"的资金需求，实现"多快好省"的服务（即客户多、速度快、体验好、费用省）。截至2018年9月末，"小微快贷"贷款余额2379.6亿元，客户数32万户。

专栏25 工商银行探索网络小微融资新模式

工商银行推进"一体两翼"的普惠金融发展战略，以行内数据和客户资源为主体，外部场景合作和分行特色场景创新为两翼，按照"数据有价值、信用可表现、融资高效率"的理念，打造小微e贷（信用方式）、网贷通（抵质押方式）和线上供应链融资三大板块的小微网络融资产品体系。以小微e贷为例，主要围绕结算、税务等场景，为小微客户提供信用方式为主的网络融资。2017年下半年，工商银行基于小微企业结算信息，试点推出网络办理的"结算贷"产品，目前已累计向10.4万户小微企业主动授信610亿元，2018年在"结算贷"基础上开发了"经营快贷"产品，以"秒贷"方式向小微企业主和个体工商户提供全线上信用贷款。

专栏26 浙江推广"两跑三降"模式

浙江银行业围绕小微、三农、扶贫等普惠金融服务重点，创新金融产品和服务方式，应用互联网等现代信息技术手段，通过"跑街（村）"与"跑数"的有机融合，推进"降门槛、降成本、降风险"，形成了"两跑三降"普惠金融服务模式。其中，"跑街（村）"指通过走千家、访万户等扫街扫村方式营销客户，通过上门调查、眼见为实、自编报表、交叉验证等措施掌握客户"硬数据"和"软信息"，缓解信息不对称，从而降低门槛、控制风险。"跑数"指通过加强信息科技与普惠金融融合，打造移动展业平台，提升客户挖掘、数据采集与分析能力，推进金融服务线上化、模型化、智能化、场景化，实现移动办贷、线上审批，从而降低成本、提高效率。"跑街（村）"与"跑数"相互促进、交叉印证。"跑数"让"跑街（村）"更有针对性、更加标准化，"跑街（村）"让"跑数"更可靠、更接地气。

浙江银监局引导辖内银行业金融机构准确认识"跑街（村）"与"跑数"的辩证关系和丰富内涵，统筹推进、融合发展，既加强服务走访、深耕市场，又积极与现代科技融合，做到"服务弯腰、数据撑腰"，通过推广运用"两跑三降"模式，促进普惠金融从"劳动密集型"向"技术密集型"转变，不断拓展服务广度和深度，推动普惠金融高质量发展。

（三）直销银行子公司试点稳妥推进

直销银行子公司试点自2016年启动以来，中信百信银行作为国内商业银行设立的首家直销银行子公司，已于2017年11月18日正式开业，主要定位于强化普惠金融服务，积极发挥互联网等信息科技优势，积极探索利用互联网等电子渠道和科技手段扩大服务覆盖面，依托网络化场景和数据，稳妥有序开展创新，重点服务个人和小微企业，力求提供质量更好、效率更高的金融服务。

三、积极稳妥推进互联网保险发展

2015年7月22日，原保监会印发《互联网保险业务监管暂行办法》，以鼓励创新、防范风险和保护消费者权益为基本思路，明确了互联网保险业务经营的基本规则。2017年，共有131家保险机构开展互联网保险业务，其中财产险公司70家，人身险公司61家，共实现保费收入1835.29亿元。2017年，互联网保险签单件数124.91亿件，增长102.6%，其中退货运费险68.19亿件，保证保险16.61亿件，意外险15.92亿件，责任保险10.32亿件。从保单数量的维度，互联网保险通过技术让保险更加易得，真正实现了普惠保险的行业价值和社会意义。

从微观实践来看，国内也出现了一批创新机构，它们通过互联网技术和大数据运用，改变传统保险行业的产品开发、风险管理、营销获客以及服务模式。例如，出现了专营健康险等专注于细分市场的创新机构，如大特保力争做中国健康险第一平台，以低价格、多样性的产品和互联网流量投放来吸引用户埋单，从而拉动整个链条的联动，提高竞争壁垒；出现了从以医疗费用控制切入，希望建立保险、医院、客户三者服务生态的保险公司。依托于互联网，创新型的保险机构对风险进行了更精准定价，显著提高了运营效率，也驱动了现代保险业的创新发展。

四、有序发展网络支付

引导金融机构积极发展电子支付手段，逐步构筑电子支付渠道与固定网点相互补充的业务渠道体系。2017年，银行业金融机构共处理电子支付业务1525.8亿笔，金额2419.2万亿元，其中，网上支付业务485.78亿笔，金额2075.09万亿元，移动支付业务375.52亿笔，金额202.93万亿元，电话支付业务1.6亿笔，金额8.78万亿元。

人民银行印发《关于强化银行卡受理终端安全管理的通知》（银发〔2017〕21号），综合运用大数据分析和密码识别技术，建立受理终端事前入网身份识别、事中交易数据校验、事后风险防范多层次的管理机制。

鼓励银行机构和非银行支付机构面向农村地区提供安全、可靠的网上支付等服务，持续推进移动支付技术创新应用。人民银行办公厅印发《关于强化银行卡磁条交易安全管理的通知》（银办发〔2017〕120号），加强银行卡助农取款终端等非标准银行卡受理终端风险管理。

大力推进非现金支付工具创新和市场应用，鼓励网络支付机构服务电子商务发展。2017年，非银行支付机构共发生网络支付业务2867.47亿笔，金额143.26万亿元，同比分别增长74.95%和44.32%。人民银行办公厅印发《关于开展移动金融和金融IC卡受理环境安全和标准符合性专项抽查的通知》（银办发〔2016〕106号），部署开展受理环境安全和标准符合性专项抽查工作，提升移动金融和金融IC卡应用的便利性和普及率，增强受理环境风险防控能力。

五、稳步推进互联网金融风险专项整治

为促进互联网金融行业规范健康发展，防范相关风险，保护民众合法权益，2016年4月，国务院办公厅印发《互联网金融风险专项整治工作实施方案》（国办发〔2016〕21号），明确了人民银行、原银监会、证监会、原保监会等十七个部门联合开展互联网金融风险专项整治，成立了互联网金融风险专项整治工作领导小组及P2P网络借贷、股权众筹、互联网保险、互联网资产管理、互联网支付、互联网金融广告等多个分领域工作小组，建立了部门统筹、属地组织、条块结合、共同负责的工作协调机制，加强穿透式监管，坚决打击违法违规的互联网金融机构，引导从业机构依法合规，回归服务实体经济的本源。

P2P网络借贷方面，自2016年以来，原银监会按照"定规则、严监管、抓整治"的基本思路，统筹推进全国范围内开展P2P网络借贷风险专项整治工作。一是制定规则，明确行业标准和制度依据。2016年8月，原银监会会同工业和信息化部、公安部、网信办联合发布了《网络借贷信息中介机构业务活动管理暂行办法》，随后又陆续出台了备案登记、资金存管、信息披露三个配套指引，搭建了"一个办法、三个指引"的监管制度体系。二是注重统筹兼顾，扎实推进网络借贷风险专项整治工作。全面整治网络借贷市场乱象，制定了各阶段专项整治工作方案，发布多项业务整治文件，多次召开全国电视电话及现场部署会，并开展重点地区督导，开

展存管银行测评，完成摸底排查和分类处置阶段工作。三是坚持问题导向，加强重点领域整治。标本兼治、疏堵结合、综合施策，积极整治校园贷、现金贷等重点领域风险乱象。完善顶层制度设计，采取负面清单的形式，从源头上明确风险底线和禁止性行为，采取清单制全面摸底，对于重点地区重点机构按月进行风险提示或督导督查。四是坚持风险底线，加强风险提示和预警。针对各类风险，多次下发风险提示，并通过建立地区间监管协调机制，保障信息畅通，及时监测并消除风险隐患。同时，通过多种途径组织各地开展政策解读、答疑解惑、经验交流，提升风险识别能力。五是积极指导和推进各地化解风险。全力做好风险处置工作，开展全行业风险摸排检查工作，梳理风险突出的重点机构，逐家摸底研判，掌握风险状况，明确处置方式和进度，做好风险化解工作。

第六部分

强化激励约束
完善普惠金融政策措施

- 完善货币信贷政策
- 健全银行业差异化监管机制
- 优化保险监管支持政策
- 发挥财税政策支持作用

《规划》明确了"市场主导、政府引导"的基本原则，普惠金融的发展既要依靠市场主体的力量，也要发挥政府的引导和推动作用。近年来，国务院多次研究部署普惠金融领域的政策措施，相关部门出台一系列货币信贷、差异化监管和财税政策，精准聚焦薄弱领域，不断强化正面引导和负面约束，激励各类金融机构和市场主体加大普惠金融服务力度。

一、完善货币信贷政策

（一）对普惠金融实施定向降准

为更好地引导金融机构发展普惠金融业务，2017年9月27日国务院常务会议研究部署对普惠金融实施定向降准政策。9月30日，人民银行印发通知，明确普惠金融定向降准政策的范围、标准。2018年1月25日，普惠金融定向降准全面实施，惠及了全部大中型商业银行、近80%的城商行和90%的非县域农商行，释放资金约4500亿元。总体上看，普惠金融定向降准建立了增加普惠金融领域贷款投放的正向激励机制，覆盖广泛、指向精准，有助于促进金融资源持续向普惠金融倾斜。

专栏27　人民银行对普惠金融实施定向降准

2017年9月30日，人民银行印发《关于对普惠金融实施定向降准政策的通知》（银发〔2017〕222号），宣布将原有对小微企业和三农领域实施定向降准政策拓展并延伸到脱贫攻坚和"双创"等其他普惠金融领域贷款。同时，优化原有定向降准政策标准，聚焦单户授信500万元以下的小微企业贷款、个体工商户和小微企业主经营性贷款，以及农户生产经营、创业担保、建档立卡贫困人口、助学等贷款，统一对上述贷款增量或余额达到一定比例的商业银行实施定向降准政策：第一档是前一年普惠金融领域贷款余额或增量占比达到1.5%的商业银行，存款准备金率可在基准档基础上下调0.5个百分点；第二档是前一年普惠金融领域贷款余额或增量占比达到10%的商业银行，存款准备金率可按累进原则在第一档基础上再下调1个百分点。

（二）对普惠金融服务机构实行优惠存款准备金率政策

继续落实并完善对各类普惠金融服务机构的优惠存款准备金率政策：对县域农村金融机构执行较低的优惠存款准备金率；对农业银行考核达标县级"三农金融事业部"执行比农业银行低2个百分点的优惠存款准备金率，以继续鼓励其加大三农信贷支持；对农发行执行8.5%的存款准备金率，较大型商业银行低8.5个百分点，以鼓励其加大对农业开发、水利等农业农村基础设施建设的信贷支持。

（三）加强支农、支小再贷款、再贴现管理

发挥支农、支小再贷款、再贴现对资金投向、利率的传导功能，引导地方法人金融机构扩大涉农、小微企业信贷投放。截至2017年末，全国支农再贷款余额2564亿元，支小再贷款余额929亿元，再贴现余额1829亿元。

（四）创设扶贫再贷款

扶贫再贷款实行比支农再贷款更为优惠的利率，专门用于引导地方法人金融机构扩大贫困地区信贷投放，支持带动贫困户就业发展的企业和建档立卡贫困户，推动贫困地区发展特色产业和贫困人口创业就业。截至2017年末，全国扶贫再贷款余额为1616亿元。

（五）发挥宏观审慎评估（MPA）的引导作用

对于信贷支持普惠领域力度较强的金融机构，通过合理调整MPA政策参数，给予倾斜支持，发挥好激励约束作用，鼓励金融机构更多地将信贷资源投向普惠领域。

二、健全银行业差异化监管机制

（一）督促引导普惠金融领域信贷投放稳步增长

2008年国际金融危机后，为确保银行业对小微企业的支持力度，原银

监会提出小微企业贷款增量和增速"两个不低于"目标。自2015年起，针对宏观经济和小微金融领域的新情况、新趋势，进一步提出小微企业贷款增速、户数和申贷获得率"三个不低于"目标，并要求银行单列小微信贷计划、层层分解，实现了小微企业信贷投放连年稳定增长。为落实近年来中央一号文件关于改善农村金融服务的精神，原银监会针对涉农贷款提出了增量不低于上年、增速不低于各项贷款增速、总量持续增长等考核目标。

2018年，为进一步精准聚焦薄弱环节，引导银行业金融机构在普惠金融服务中坚持做小、做精，在前期小微企业贷款、涉农贷款增速、户数等监管考核目标的基础上，原银监会重点针对单户授信1000万元以下（含）的小微企业贷款提出"两增两控"的新目标，针对单户授信500万元以下（含）普惠型农户经营性贷款和1000万元以下（含）普惠型涉农小微企业贷款、扶贫小额信贷和精准产业扶贫贷款等提出增速等新目标，并要求各银监局和主要银行根据上述目标报送信贷计划，强化考核监测。

专栏28　小微企业贷款"两增两控"目标

2018年2月11日，原银监会办公厅印发《关于2018年推动银行业小微企业金融服务高质量发展的通知》（银监办发〔2018〕29号），以单户授信总额1000万元以下（含）的小微企业贷款（包括小型微型企业贷款+个体工商户贷款+小微企业主贷款）为重点，实施"两增两控"目标考核："两增"即单户授信总额1000万元以下（含）的小微企业贷款增速不低于各项贷款增速，贷款户数不低于上年同期水平，"两控"即合理控制小微企业贷款资产质量水平和贷款综合成本水平。已设立普惠金融事业部的大中型商业银行、邮储银行和以支农支小为业务重心、户均贷款余额低的地方性银行，可选择将考核范围扩大为：单户授信总额1000万元以下（含）小微企业贷款和普惠型其他组织及个人经营性（非农户）贷款、单户授信总额500万元以下（含）的普惠型农户经营性贷款。

（二）建立差别化的监管指标体系

对符合《商业银行资本管理办法（试行）》规定条件的小微企业贷款，计算资本充足率时，权重法下适用75％优惠风险权重，内部评级法下比照零售贷款适用优惠的资本监管要求。将银行业金融机构开展小微企业、三农、扶贫等普惠金融服务情况纳入监管评价体系。明确小微企业、涉农贷款、精准扶贫贷款不良率高出自身各项贷款不良率年度目标2个百分点（含）以内的，可不作为监管评级和银行内部考核评价的扣分因素。

（三）拓展信贷资金来源

支持银行发行小微企业、三农专项金融债券，拓宽普惠金融信贷资金来源，累计批复69家商业银行合计5950亿元的小微企业专项金融债券发行申请。稳步推进小微企业贷款资产证券化、信贷资产转让和收益权转让等业务试点，加速资金流转。

（四）拓宽不良资产处置渠道

在不良资产证券化试点框架下，鼓励试点金融机构发行小微企业不良贷款资产支持证券，鼓励通过银行业信贷资产登记流转中心合规开展小微企业不良资产收益权转让试点，通过信贷资产流转平台，依法合规批量转让符合条件的小微企业不良贷款。

（五）严格规范服务收费

在针对银行业收费"七不准、四公开"要求（即不得以贷转存、存贷挂钩、以贷收费、浮利分费、借贷搭售、浮到顶、转嫁成本，收费项目、服务质价、效用功能、优惠政策公开）的基础上，2011年原银监会进一步明确"两禁两限"：对小微企业贷款禁止收取承诺费、资金管理费，严格限制对小微企业及其增信机构收取财务顾问费、咨询费等费用。严禁发放贷款时附加不合理条件。根据违规收费禁止性规定，原银监会多次对银行开展专项检查和督察，对违规收费行为严肃问责。

三、优化保险监管支持政策

（一）创设农业保险扶持政策

原保监会通过加强窗口指导、适当降低业务资质要求等方式，引导保险机构到贫困地区开办农业保险。2016年至今，已支持7家保险公司在14个省份开展扶贫农业保险试点。通过设置"绿色通道"等方式，引导保险机构积极开发扶贫专属特色农业保险产品。目前，已开发扶贫专属保险产品74个，涉及18省45种农作物。为降低贫困农户缴费压力，明确规定扶贫农业保险产品费率在基准费率基础上下调20%。为确保受灾贫困户基本生产生活不受影响，规定对受灾的贫困农户，可在查勘定损结束前预付部分赔款。为保护贫困地区保险分支机构开办扶贫保险业务的积极性，规定因重大灾害或农产品价格剧烈波动导致的经营亏损，不纳入绩效考核指标。

（二）推进大病保险倾斜政策

原保监会配合原卫生计生委等部门，推动各地通过降低起付线、放宽报销范围、提高报销水平等措施，促进大病保险向困难群众倾斜，切实解决人民群众因病致贫返贫突出问题。鼓励保险公司配合各地开展贫困人口补充医疗保险，兜住贫困户因病返贫底线，试点已在江西、湖北、河南、云南和重庆等省（市）落地，取得较好效果。为外出务工农民开辟异地理赔绿色通道，为驻村干部和扶贫挂职干部、高校毕业生"三支一扶"（支教、支农、支医和扶贫）提供保险保障，解除其后顾之忧。

（三）积极支持教育脱贫

原保监会开展针对贫困家庭大中学生的助学贷款保证保险，面向贫困家庭子女开展保险职业教育、销售技能培训和定向招聘，积极吸纳贫困地区大学生就业。

（四）采取差异化监管措施

原保监会鼓励保险资金向贫困地区基础设施和民生工程倾斜。支持保险机构参与各级政府建立的扶贫产业基金，鼓励保险机构加大对贫困地区发行地方政府债券置换存量债务的支持力度。对涉及脱贫攻坚等符合国家发展战略重大项目的PPP投资计划建立专门的业务受理及注册绿色通道。优先支持中西部省份设立保险法人机构、分支机构和开展相互制保险试点。严格控制贫困地区现有保险机构网点撤并。

四、发挥财税政策支持作用

（一）对小微企业、三农金融服务实行税收优惠政策

对金融机构向农户、小型企业、微型企业及个体工商户发放小额贷款（单户授信小于100万元，没有授信额度的单户贷款合同金额且贷款余额在100万元以下的贷款）取得的利息收入，免征增值税，在计算应纳税所得额时，按90%计入收入总额；2018年9月，进一步将符合条件的小微企业和个体工商户贷款利息收入免征增值税单户授信额度上限，由100万元提高到1000万元。对金融机构与小型企业、微型企业签订的借款合同免征印花税。

对金融企业涉农贷款和中小企业贷款按照关注类贷款2%、次级类贷款25%、可疑类贷款50%、损失类贷款100%计提的贷款损失准备金，准予在计算应纳税所得额时税前扣除。

金融企业涉农贷款、中小企业贷款逾期1年以上，经追索无法收回的，应依据涉农贷款、中小企业贷款分类证明，按规定计算确认贷款损失进行税前扣除。

对符合条件的小贷公司发放农户小额贷款（单笔且该农户贷款额余额总额在10万元以下的贷款）利息收入免征增值税，在计算应纳税所得额时，按90%计入收入总额，按照年末贷款余额1%计提的贷款损失准备金准予在企业所得税税前扣除。

对符合条件的融资担保机构为农户、小型企业、微型企业及个体工商户借款、发行债券提供融资担保取得的担保费收入及再担保收入免征增值税。对符合条件的中小企业融资（信用）担保机构可按照不超过当年年末

担保责任余额1%的比例计提担保赔偿准备和不超过当年担保费收入50%的比例计提未到期责任准备，允许在企业所得税税前扣除。

（二）整合设立普惠金融发展专项资金

2016年9月24日，财政部印发《普惠金融发展专项资金管理办法》（财金〔2016〕85号），整合设立普惠金融发展专项资金，包括县域金融机构涉农贷款增量奖励、农村金融机构定向费用补贴、创业担保贷款贴息及奖补、PPP项目以奖代补政策等4个资金使用方向。普惠金融发展专项资金遵循惠民生、保基本、有重点、可持续的原则，引导地方各级人民政府、金融机构以及社会资金支持普惠金融发展，引导金融机构服务、网点、人员下沉，提升基础设施和公共服务供给质量，弥补市场失灵，保障农民、小微企业、城镇低收入人群等我国普惠金融重点服务对象的基础金融服务可得性和适用性。

2013年至2017年，中央财政累计拨付专项资金约710亿元，对26个省（区、市）约6000亿元的涉农贷款增量给予奖励，支持了超过3000家次新型农村金融机构和西部基础金融服务薄弱地区金融机构（网点），惠及就业人员约1500万人次，鼓励支持了297个PPP项目。

（三）持续加大财政对农业保险支持力度

对保险公司为种植业、养殖业提供保险业务取得的保费收入，在计算应纳税所得额时减按90%计入收入总额。2017年，在地方自主开展、自愿申请基础上，中央财政共拨付保费补贴资金179.04亿元，带动全国实现农业保险保费收入477.7亿元，为2.13亿户次农户提供2.8万亿元的风险保障，中央财政保费补贴资金使用效果放大156倍。与此同时，财政部开展了农业大灾保险试点，在面向全体农户基本险基础上，推出保险金额覆盖直接物化成本和地租、面向适度规模经营农户的大灾保险产品，中央财政对中西部和东部试点县的保费补贴比例分别提高到47.5%和45%。

第七部分

推进基础设施建设
改善普惠金融发展环境

- 推进农村支付环境建设
- 建立健全普惠金融信用信息体系
- 深化银税互动、银商合作，促进信用信息共享
- 建立健全普惠金融统计指标体系
- 完善动产融资登记公示系统
- 建立应收账款融资服务平台
- 建设新型农业经营主体信息直报系统

　　把握好政府与市场在发展普惠金融中的角色定位，核心在于优化政府在推进普惠金融发展中的作用。近年来，各相关部门和地方政府致力于提供发展普惠金融所需的各类基础设施，推进农村支付环境建设，完善信用信息体系和共享机制，为市场主体创造有利于普惠金融发展的生态环境。

一、推进农村支付环境建设

　　人民银行、原银监会鼓励指导银行机构和非银行支付机构面向农村地区提供安全、可靠的网上支付、手机支付等服务。针对农村电子商务需求，创新支付产品服务，引导农民办理网上购物、缴费等支付业务；在对非银行支付机构的分类评级中，对开展了农村支付业务的机构给予监管评级加分，引导其支持农村电子商务发展。支持有关银行机构在乡村布放POS机、自动柜员机等各类机具，进一步向乡村延伸银行卡受理网络。2011年，人民银行印发《关于推广银行卡助农取款服务的通知》（银发〔2011〕177号），明确银行卡助农取款服务业务准入资质、风险防范要求、消费者权益保护措施等，并决定将该项服务在全国范围推广。银行卡助农取款服务是指通过银行卡收单机构在农村乡（镇）、村的指定合作商户（以下简称服务点）布放受理终端，向借记卡持卡人提供小额取款和余额查询业务，得到地方政府、广大农民和社会各界的广泛好评。2014年，人民银行印发《关于全面推进农村支付服务环境建设的指导意见》（银发〔2014〕235号），明确有关机构可以依托服务点进一步办理现金汇款、转账汇款、代理缴费。这些业务的开办有效解决了农村尤其是农民的养老保险支取、汇款、水电煤气费缴纳不便等问题，实现了其足不出村享受基础支付服务。截至2017年末，全国在农村地区共设置助农取款服务点91.39万个。2013年至2017年，农村在用银行卡由15.1亿张增加至28.81亿张；农村ATM由20.46万台增加至37.74万台，万人拥有量由2.36台增加至3.89台；农村POS机由445.38万台增加至711.49万台，万人拥有量由51.28台增加至73.29台。

二、建立健全普惠金融信用信息体系

（一）加快建立多层级的小微企业和农民信用档案平台

人民银行、发展改革委牵头推进中小企业和农村信用体系建设，在市县建立以中小微企业、农户为对象的信用信息数据库及服务网络。截至2017年末，建立信用档案的小微企业261万户，农户1.73亿户。

（二）持续推进金融信用信息基础数据库建设

推动从事信贷业务的机构接入金融信用信息基础数据库，依法报送、查询企业和个人信用信息，扩大数据库对金融市场的覆盖面。目前数据库收集的信息以银行信贷信息为核心，还包括企业和个人基本信息以及反映其信用状况的公共信息、公用事业信息等。数据库接入机构基本覆盖各类放贷机构，基本接入了所有银行业金融机构，还接入了小额贷款公司、融资担保公司等机构，部分保险公司及证券公司也已经接入。截至2018年6月底，征信系统已经收录了9.6亿自然人和2534.3万户企业和其他组织。降低普惠金融服务对象征信成本，商业银行等机构查询企业信用报告基准服务费由每份120元降低至每份40元，查询个人信用报告基准服务费由每份8元降低至每份4元，其中，农村商业银行等9类涉农及小型放贷机构查询企业信用报告基准服务费由每份120元降低至每份15元，查询个人信用报告基准服务费由每份8元降低至每份1元。

（三）加快推进全国信用信息共享平台建设

目前全国信用信息共享平台实现与44个部委和所有省（区、市）互联互通，归集各类信用信息总量突破165亿条，依托平台建设的"信用中国"网站不断强化信息公示功能，向社会提供信用信息"一站式"查询服务，将政府部门掌握的公共信用信息与金融机构共享，开发了"信易贷"等以信用为核心的金融产品。

专栏29　浙江省台州市金融服务信用信息共享平台

浙江省台州市于2014年7月建立了金融服务信用信息共享平台，定位于金融服务，以管用、实用、有效为原则，设计上以"一平台、四系统、三关联"为主体架构，分设基本信息、综合服务、评价与培育、风险预警与诊断4个子系统，在投资、融资、企业法人与企业三方面实现关联。主要功能包括信用立方、正负面信息、不良企业名录库、"培育池"、信用评分、评级及预警等。截至2017年末，该平台整合了市场监管、国税、地税、法院、房管、国土等15个部门81大类600多细项7344万条信用信息，免费提供给银行使用，覆盖57万家市场主体，开设查询用户2068个，累计查询量达446万次。机制上，市政府高度重视，组织召开数十次协调会，建立强有力的考核、通报、督察及评价机制，促使各部门信息采集、更新、共享渠道畅通，并成立台州市金融服务信用信息中心专门负责平台日常运营维护。技术上，采用双网布控、双网服务的系统布局，将平台同时布控在政务外网与金融局域网上，通过政务外网并凭借信息交换前置机实现数据自动采集、为政府部门提供服务，通过金融局域网开设查询用户为金融机构提供服务。该平台被银行列入贷前调查、贷中审批和贷后管理的必经环节，还成为银行筛选优质客户的重要来源，有效降低了银行获客成本，从而节约小微企业等普惠客户融资成本、缩短融资时间。

三、深化银税互动、银商合作，促进信用信息共享

（一）原银监会联动国家税务总局开展"银税互动"

2015年7月30日，税务总局、原银监会联合印发《关于开展"银税互动"助力小微企业发展活动的通知》（税总发〔2015〕96号），在依法合规的基础上，通过建立联席会议制度、搭建银税信息共享平台，税务部门、原银监会派出机构和银行业金融机构共享小微企业纳税信用评价结果，银行业金融机构运用纳税信用评价结果创新贷款产品，支持小微企业

"以税促信、以信申贷"。为进一步丰富"银税互动"合作模式、提升合作质效，2017年5月4日，税务总局、原银监会联合印发《关于进一步推动"银税互动"工作的通知》（税总发〔2017〕56号），进一步完善银税合作机制，加大信息交流力度，推动合作方式创新，加强配套机制建设。目前，各地均已建立省级层面的银税合作联席会议制度，签订银税协议的省级金融机构达672个。截至2017年末，银行业金融机构"银税互动"贷款余额2188.52亿元，贷款户数9.10万户，其中小微企业贷款余额1702.97亿元，贷款户数8.88万户，分别占比77.81%和97.60%。

（二）原银监会联动原工商总局建立"银商合作"机制

2017年8月31日，原工商总局、原银监会联合印发《关于开展"银商合作"助力小微企业发展的通知》（工商个字〔2017〕162号），建立"银商合作"机制，搭建银企对接平台，探索运用国家企业信用信息公示系统和小微企业名录库数据资源，支持银行在线查询企业的工商登记信息，提高获客、授信和风险管理效率。

四、建立健全普惠金融统计指标体系

（一）人民银行建立中国普惠金融指标体系

2016年底人民银行建立了中国普惠金融指标体系及填报制度。普惠金融指标体系制度的建立有利于监测、评估全国和各地区普惠金融发展水平，开展普惠金融国际比较以及更有针对性地推动普惠金融发展。人民银行也根据普惠金融定向降准政策及数字普惠金融等领域最新进展，对指标体系进行了适时修订。《中国普惠金融指标体系》现包含使用情况、可得性、质量3个维度共21类51项指标，其中8个指标通过问卷调查采集，涵盖账户、信贷、理财、保险、物理服务点、信贷障碍、信用建设等领域，聚焦小微企业（小微企业主）、农户、精准扶贫群体、"双创"主体、在校学生等群体，从供需两侧全面反映普惠金融发展水平。人民银行已于2017年、2018年组织完成了两次全国及各地普惠金融问卷调查及指标体系填报

和分析。同时，人民银行开发"金融精准扶贫信息系统"，研究制定金融精准扶贫专项统计制度。

（二）原银监会建立银行业普惠金融重点领域贷款统计指标体系

2017年原银监会优化普惠金融贷款领域统计体系，按照"小额分散、聚焦重点"原则，建立了针对小微企业（含涉农小微企业）、农户、贫困人口、"双创"主体、校园学生和其他低收入群体等6类普惠金融重点服务的贷款统计指标体系，于2018年起执行，作为下一步小微企业、三农、扶贫等普惠金融重点领域支持情况监测考核的依据，及普惠金融事业部核算和政策支持的基础口径。同时，加强普惠金融相关风险监测与分析，确立了小微企业贷款、涉农贷款、农村基础金融服务覆盖、扶贫小额信贷常态化考核和监测指标，并将普惠金融领域贷款质量变化和信用风险情况纳入银行业整体运行和风险监测框架。

专栏30　银行业普惠金融重点领域贷款统计指标体系

目前，小微企业和涉农贷款已形成了较完整的统计制度，但实践中还存在统计渠道分散、小微企业贷款数据虚高、涉农贷款与小微企业贷款重复统计、"双创"企业等普惠金融热点领域信贷情况尚未专门统计等问题，不利于全面、客观反映银行业普惠金融发展情况。为厘清银行业普惠金融业务边界，弥补当前普惠金融统计领域短板，原银监会按照"小额分散、聚焦重点"原则，统筹考虑普惠金融事业部建设、监管引导、货币政策、财税政策等不同维度需要，针对银行业金融机构向6类重点服务对象（小微企业、农户、贫困人口、"双创"主体、校园学生和其他低收入群体）发放的贷款，建立专门的统计指标体系。在一级科目下，分别针对"双创"类小微企业贷款、新型农业经营主体贷款、大学生创业贷款、扶贫小额贷款、"校园贷"等党中央、国务院及社会各界重点关注的对象设置了次级科目，进行专项统计。同时，指标体系采取"分类分层"的统计口径，针对不同贷款类型分别设置了多个授信金额颗粒度，以准确统计不同区间内的数据。经过多轮测算和试填报，已纳入非现场监管报表体系，自2018年起按季度报送，并在制定出台2018年普惠金融定向降准、税收优惠政策等过程中提供了数据测算、监测评估等支持作用。

五、完善动产融资登记公示系统

按照《物权法》第二百二十八条应收账款出质"质权自信贷征信机构办理出质登记时设立"的规定，2007年人民银行征信中心建立了我国首个基于互联网的、全国集中统一的动产融资登记公示系统，提供应收账款质押、融资租赁、存货/仓单质押、保证金质押等业务的登记和查询服务。2017年10月，人民银行发布修订后的《应收账款质押登记办法》（人民银行令〔2017〕第3号），规范应收账款转让登记，发挥登记服务对应收账款融资交易安全的保障作用。截至2017年末，登记系统累计注册登记和查询用户近26万户，累计发生登记300万笔，查询1437万余笔。其中，有28.2万家中小微企业通过应收账款质押或转让获得融资，资金融入方为中小微企业的登记笔数约占初始登记总数的87%；融资租赁登记中涉及中小微企业和个体工商户的承租人约55万家，承租人为中小微企业和个体工商户的登记笔数约占租赁初始登记总数的95.6%。登记系统对盘活中小微企业动产，促进中小微企业融资可得性发挥了积极作用。

六、建立应收账款融资服务平台

人民银行征信中心建立应收账款融资服务平台，于2013年底上线试运行，定位于服务小微企业应收账款融资的全国性电子化信息服务平台，致力于打造线上应收账款融资全流程服务体系，涵盖从债务人确认账款、借款主体融资需求传递到质押物登记的一体化服务，特别是通过与供应链核心企业、商业银行进行系统对接，线上自动传递融资相关信息，实现全流程、高效率、可持续的线上应收账款融资。2017年4月25日，人民银行、工业和信息化部会同原银监会等部门联合印发《小微企业应收账款融资专项行动三年工作方案（2017—2019年）》（银发〔2017〕104号），提出加强应收账款融资服务平台服务功能建设。截至2017年末，融资服务平台注册用户超过14万家，累计促成融资超过11万笔，融资金额超过6.46万亿元；其中，小微企业注册6.4万家，累计融资笔数5.1万笔，累计融资金额2.33万亿元，小微企业单笔融资500万元以下的合计2.77万笔，占小微企业融资笔数的54%。

七、建设新型农业经营主体信息直报系统

2017年，原农业部立足农业供给侧结构性改革，开发建设了新型农业经营主体信息直报系统，利用信息化手段，按照"主体直连、信息直报、服务直通、共享共用"的理念，建立了面向新型农业经营主体、金融机构、政府管理部门三个用户维度，涵盖直报、记账、补贴、贷款等八大服务功能的系统框架，为新型经营主体全方位、点对点对接服务，向金融服务机构精选推送优质规范新型经营主体有效需求，并运用大数据技术，实现政府动态精准掌控农业生产经营，在线直接监管政策落实情况，推动农业管理理念和治理方式重大创新。当前，直报系统已对接多类新型经营主体数据资源，认证通过国家级农民合作社示范社、省级农民合作社示范社和示范家庭农场、规模养殖场等优质新型经营主体近万家，邮储银行、人保财险等在内的63家机构竞相入驻提供服务。

第八部分

加强金融知识宣传普及
保护金融消费者合法权益

- 开展集中性金融知识普及活动
- 创新多种金融知识宣传方式
- 推动金融知识进校园
- 完善金融消费者权益保护制度体系
- 建立金融消费纠纷多元化解决机制
- 开展金融消费者权益保护专项行动
- 强化普惠金融国际交流与合作

广大金融消费者作为金融需求主体，是普惠金融发展成果的最终受益者。近年来，各相关部门大力开展金融知识宣传普及工作，专设金融消费者权益保护部门，联合自律组织、金融机构开展了一系列金融消费者权益保护工作，为从需求侧提升人民群众的金融服务获得感、切实保护人民群众金融消费权益，发挥了重要作用。

一、开展集中性金融知识普及活动

人民银行在每年3月、6月、9月分别开展"金融消费者权益日""普及金融知识 守住'钱袋子'"和"金融知识普及月"等集中性金融知识普及活动，宣传金融消费者拥有的权利，普及日常生产生活中必要的金融基础知识，提升风险防范和责任承担意识。建立金融消费者素养调查制度，强化需求侧数据收集，在全国范围内每两年开展一次调查，动态掌握消费者金融知识水平和需求，研究和分析金融消费者行为特点的变化。原银监会把每年9月定为银行业金融知识宣传服务月，组织全国银行业金融机构开展"金融知识进万家"活动，五年来累计出动宣传人员达820万人次，发放宣传材料5.51亿份，发送公益宣传短信、微信9.22亿条。证监会以风险警示教育为金融知识宣传工作主线，开展"明规则·识风险"和"防控债券风险，做理性投资人"等专项活动，加深投资者对政策法规和风险的认识，倡导理性投资理念，帮助投资者提升自我保护能力。原保监会持续在"3·15"国际消费者权益日、"7·8"全国保险公众宣传日等重要时点，组织、引导保险业开展消费者教育活动，加强保险知识普及宣传。工业和信息化部于2017年9月启动全国小微企业金融知识普及教育活动，编写《小微企业金融知识普及教育读本》，从小微企业融资需求出发，根据小微企业成长规律，按照种子期、初创期、成长期三个阶段，分别介绍在不同阶段需要掌握的金融基础知识。

二、创新多种金融知识宣传方式

人民银行利用12363咨询电话、广播、电视、微信公众号"成方三十二"等方式向社会公众提供金融知识，2018年联合原国家新闻出版广电总局、中国互联网金融协会制作发布金融广告领域的公益宣传广告《央妈提醒你：请明辨互联网金融广告的真假》。组织开展打击非法买卖银行卡和银行账户信息、防范电信网络诈骗等主题宣传教育活动，特别是加大了对学生、老人以及农民工等易受骗群体的宣传力度，通过多种渠道普及防诈骗知识，剖析典型案例，加强社会公众防范电信诈骗、保护信息安全和支付安全的宣传教育。原银监会针对银行理财业务纠纷、电信网络诈骗案件频发等情况，统一设计宣传折页、宣传视频等资料，提高宣传活动的统一性和辨识度；于2017年对公众教育服务区进行了升级改造，自2017年7月正式对外开放至2018年7月末，累计接待来访超过560人次，为公众增强正确使用金融服务的意识和能力搭建了平台。原保监会2013年编写出版《小保学保险》系列丛书，运用通俗易懂的语言介绍保险消费知识，并被原国家新闻出版广电总局纳入农家书屋采购目录；开通保险消费者教育官方微博微信"保监微课堂"，强化互联网宣传平台在普及保险知识中的作用，累计推送消费者教育文章2100余篇，在广大消费者中获得较好反响。

三、推动金融知识进校园

人民银行推动金融知识普及纳入国民教育体系，如在山西省与教育部门合作推广"临汾模式"，将《金融与诚信》主题教育活动正式纳入小学课程教育。原银监会针对校园贷、培训贷问题频发状况，将大学生作为宣传服务重点人群，有针对性地设计宣传资料、开展宣传活动，扎实推进金融知识进校园工作，高校覆盖率达95%，高校新生覆盖率为79%。指导银行业金融机构在全国近百所学校通过学生社团举办"金融教育嘉年华暨理财足球世界杯大赛"，并在北京、上海、广州等十余个重要城市举行"中学生财经素养大讲堂"，通过多种形式帮助青少年获取金融知识。证监会推动将投资者教育纳入国民教育体系试点，目前已有20余个省（区、市）开展试点，500多所学校设置投资者教育课程，覆盖数百万学生。教育部将金融基础知识有机融入到基础教育阶段的品德、数学等相关学科内容中，推动高效开设了"创业金融""金融市场学"等一批金融教育课，建设了"金融与生活"等一批在线开放课程。

四、完善金融消费者权益保护制度体系

2015年11月，国务院办公厅印发《关于加强金融消费者权益保护工作的指导意见》（国办发〔2015〕81号），从金融监管部门职责定位、金融机构行为规范、金融消费者基本权利、监督管理机制和保障机制等多个方面对金融消费权益保护作出规定。

人民银行积极推动将金融消费者权益纳入《中华人民共和国消费者权益保护法》保护范围；出台《中国人民银行金融消费权益保护工作管理办法（试行）》和《中国人民银行金融消费权益保护实施办法》，为我国金融机构、金融消费者依法经营及维权提供重要依据。原银监会出台《关于加强银行业消费者权益保护　解决当前群众关切问题的指导意见》，从健全体制机制、规范经营行为、强化监管引领、加大宣传教育力度四个方面，对银行业金融机构和各级银行监管部门提出具体的监管标准和要求。印发《银行业金融机构消费者权益保护工作考核评价办法》，明确了银行业消费者权益保护考核评价对象、实施主体、责任分工、工作流程、等级划分及结果运用等内容，建立了银行业金融机构消费者权益保护工作考核评价指标体系，四个年度连续开展银行业消费者权益保护考核评价工作。从"制度建设是否完备"、"制度执行是否有可靠保障"、"工作开展是否有效"、"内部考核与管理是否得当"、"重点问题是否发生"五个维度进行全面考核，并逐年加大考核评价结果公开范围，强化考核评价结果综合运用。印发《银行业金融机构销售专区录音录像管理暂行规定》，全面推进银行业金融机构理财与代销产品销售专区管理及销售过程录音录像工作。证监会推动在《证券法》、《期货法（草案）》中增加投资者保护的专章内容，并在《私募基金管理暂行条例》等法规制定中强化中小投资者合法权益保护的制度安排，全面推动《证券期货投资者适当性管理办法》实施。原保监会制定印发《关于加强保险消费者权益保护工作的意

见》，明确保险消费者权益保护工作的指导思想、基本原则、目标任务和具体措施，实施《保险消费投诉处理管理办法》，规范保险消费投诉处理流程，保护保险消费者合法权益。

五、建立金融消费纠纷多元化解决机制

人民银行探索构建金融消费者非诉第三方解决机构，截至2017年末，人民银行指导成立120余家各类金融消费纠纷调解组织或金融消费权益保护协会。人民银行会同原银监会研究设计金融消费者投诉分类标准，经在全国金融标准化技术委员会立项评审，正式启动标准编制工作。原银监会积极开展银行业第三方纠纷调解试点工作。截至2018年6月末，全国已有上海、北京、重庆等10余省市设立地方性调解中心，因地制宜进行了良好探索，试点成效突出。证监会开展证券市场支持诉讼工作，为中小投资者进行证券诉讼提供法律咨询、诉讼代理等公益服务；推动证券期货纠纷多元化解机制建设，增强调解的权威性和影响力；妥善处理12386热线接收的投资者涉稳诉求，全力维护资本市场稳定。截至2017年末，12386热线共接收投诉者诉求73224件，转办投诉8853件，转办咨询2544件，转办举报17358件。原保监会全面实施保险纠纷调解处理和诉讼与调解对接机制，联合最高人民法院印发《关于全面推进保险纠纷诉讼与调解对接机制建设的意见》，截至2017年末，全国各地已建立保险纠纷调解组织424个，自2013年建立保险纠纷"诉调对接"机制以来，全国各保险纠纷调解组织累计成功调解案件超过57万件。开通12378消费者投诉维权热线，强化投诉通报和考评督导。截至2017年末，12378热线累计接收保险消费投诉19.4万件，热线接通率达到92%，群众满意度超过98%。

六、开展金融消费者权益保护专项行动

人民银行连续5年开展关于个人金融信息保护、银行卡、账户信息安全、支付服务等重点领域的金融消费权益保护现场检查工作；探索开展金融广告治理工作，与其他中央金融监管部门、原工商总局和原新闻出版广

电总局等部委构建金融广告治理协作机制，有序开展违法金融广告监测处置工作。原银监会开展银行业金融机构营业场所销售行为现场检查，并加大对当前私售"飞单"、误导销售金融产品等问题的治理力度。原保监会针对侵害保险消费者知情权、选择权、求偿权、公平交易权等突出问题，自2015年起组织全系统连续开展"亮剑行动"和"精准打击行动"，严厉打击损害保险消费者合法权益行为。

七、强化普惠金融国际交流与合作

积极与普惠金融国际组织开展交流与合作。2015年至2017年，人民银行代表中国担任二十国集团（G20）框架下普惠金融全球合作伙伴（GPFI）共同主席，特别是利用2016年中国担任G20轮值主席的契机，推动将"发展数字普惠金融"以及"普惠金融指标体系"等列为年度重点议题，完成《G20数字普惠金融高级原则》《G20普惠金融指标体系》（升级版）及《G20中小企业融资行动计划落实框架》三项核心成果，与其他五项成果一起经由财金渠道提交至G20杭州领导人峰会核准通过，相关内容写入峰会公报。2018年G20主席国阿根廷在普惠金融方面延续我国推动数字普惠金融的倡议，聚焦于推动数字金融服务在个人和中小微企业领域，特别是在非正式经济中的应用。在我国的参与协助下，GPFI起草了《G20普惠金融政策指引——规范非正式经济中个人与中小微企业的数字金融服务》，已经G20阿根廷布宜诺斯艾利斯财长和行长会核准。

持续与世界银行保持合作，联合撰写并发布《全球视野下的中国普惠金融：实践、经验与挑战》报告；实施普惠金融全球倡议（FIGI）项目。参与普惠金融联盟（AFI）工作，参加年度全体大会及全球政策论坛，交流国际经验，宣传我国普惠金融成果。联动国际监管当局，参加巴塞尔银行监管委员会（BCBS）、研究编译巴塞尔银行监管委员会《有效银行监管核心原则在普惠金融领域的应用指引》。参加国际货币基金组织和世界银行对我国的金融部门评估（FSAP），配合开展普惠金融专项评估。2017年，证监会继续积极参与国际证监会组织（IOSCO）零售投资者委员会关于投资者教育和投资者保护的相关工作，加强与 IOSCO 会员之间的合作，提升证券业普惠金融监管水平。

第九部分

开展试点示范
探索地方普惠金融发展模式

- 浙江省宁波市普惠金融试点
- 陕西省宜君县普惠金融试点
- 青海省普惠金融试点
- 甘肃省临洮县、和政县普惠金融试点
- 河南省兰考县普惠金融改革试验区
- 河北省阜平县普惠金融试点

试点示范是普惠金融领域改革创新的重要手段，通过试点探索有效的普惠金融发展模式，通过示范发挥带动效应，有利于激发普惠金融新动能。为探索可持续、可复制的普惠金融发展经验，在各中央有关部门的推动下，浙江省宁波市、陕西省宜君县、青海省、甘肃省临洮与和政两县、河北省阜平县等均开展普惠金融相关试点示范，河南省兰考县开展普惠金融改革试验区建设，各试点地区积极探索，为全国更好开展普惠金融工作积累了宝贵经验。

一、浙江省宁波市普惠金融试点

2015年10月，人民银行启动浙江省宁波市普惠金融综合示范区试点工作。试点按照"政府引导，市场为主；立足特色，综合推进；促进竞争，保护权益"的原则，着力构建"全面覆盖、重点渗透、层次多样、安全便利、信用完善、权益保障"的普惠金融体系。近三年来，宁波以"普惠"为中心，围绕融资服务、支付服务两条主线，建设普惠金融信用信息服务、普惠金融（移动）公共服务、助农金融服务三个基础设施平台，走出了一条"数字、精准、可持续"的普惠金融发展道路。

截至2017年末，宁波市小微企业贷款余额同比增长7%，连续16个月高于各项贷款增速，累计开发运用相对活跃的创新产品有169个，受益小微企业超过12万户；农户贷款余额同比增长11.8%，农地、农房、林权等"多权一房"融资产品、"船证贷""渔民贷""民宿贷""养老贷"等新型产品持续推广。立足于小微企业、农户两大信用数据库的普惠金融信用信息服务平台日均查询量已逾9500笔。产业工人金融普惠、保险创新、金融教育纳入国民教育体系等工作有力推进，形成了诸多可复制推广的经验。

二、陕西省宜君县普惠金融试点

2016年4月，人民银行在陕西省宜君县开展农村普惠金融示范区建设。宜君县围绕"创新金融产品、普及金融教育、完善基础设施"三大主题，深入实施"金融服务创新工程、金融知识扫盲工程、便捷支付应用工程"三大工程，取得积极成效。

一是实施金融服务创新工程，提高金融服务可得性。截至2017年末，累计发放扶贫再贷款2.5亿元。对宜君联社定向降准1个百分点，释放可贷资金1400多万元。健全完善政府补贴担保，设立产业扶贫贷款担保基金1000万元，小额扶贫贷款风险补偿金620万元。构建农村信用普惠及失信贫困户信用重建机制，截至2017年末，已重建失信贫困户542户，授信2166万元，实际发放贷款1974万元。

二是开展金融知识扫盲工程，探索形成"六个一"普惠金融教育模式，城乡居民金融素养有效增强，居民运用现代金融工具发展生产、改善生活的能力不断提升。

三是推进便捷支付应用工程，提升金融服务便利性。探索形成"一静一动"（打造普惠金融综合服务站点+推进数字普惠金融）金融便捷设施建设模式。截至2017年末，已建成13个普惠金融综合服务站点，乡镇级覆盖率达到100%；升级"惠农支付服务点"，加载金融教育等金融服务功能，行政村覆盖率达到100%。电子银行开通率、人均移动支付开通量实现成倍增长。助力农业产业升级，推进"互联网+现代农业"，将惠农支付与移动支付、现代农业、电子商务有机结合。

三、青海省普惠金融试点

2016年6月，人民银行在青海省开展普惠金融综合示范区试点，重点是立足农牧业积极探索普惠金融与绿色金融、精准扶贫相结合的路径，有序推进"扶贫普惠、网络普惠、信用普惠、绿色普惠"四大普惠建设，取得了阶段性成效。

一是夯实基础，积极构建试点工作推进体系。围绕试点方案，形成了"1+N"试点工作配套制度，省政府出台《关于全面推进普惠金融综合示范区试点工作的实施意见》；金融管理部门印发"试点工作任务、评估暂行办法、指标体系实施方案"等专项制度，出台"激励约束措施、网络普惠建设指导意见、统计监测管理办法"等具体制度，为推进试点工作开展提供了制度保障。

二是全面推进"四大普惠"建设，探索形成青海普惠模式。"扶贫普惠"方面，围绕制度、机制、运行三个层面，建立了"精准扶贫金融服务档案、贫困户信用评级，主办银行"等制度，创建"三有一无"贫困户名单制①服务模式。截至2017年末，发放到户精准扶贫贷款116.73亿元。**"网络普惠"**方面，加大对金融IC卡和移动金融的宣传、培训、检查力度，提升基层近场支付非接受理能力；选定18个乡镇、206个行政村推广移动支付业务；拓展惠农金融服务点综合类基础性服务功能，截至2017年末，七个市州共设立3797个惠农金融服务点，农牧民"远不出乡、近不出村"即可享受金融服务；推出"流动金融服务车模式"，填补基础服务空白乡镇。**"信用普惠"**方面，积极推动信用体系建设提档升级，以村级信用建设为支点，构建信用共同体创评模式。截至2017年末，七个市州贫困户信用档案建档11.18万份，创评贫困信用户9.75万户，占比87.21%；建立"一行一品"信贷制度，签订整村金融服务协议，促进整体履约增信。**"绿色普惠"**方面，做好绿色金融数据统计监测工作，引导金融机构创新绿色信贷业务与产品。截至2017年末，海西、海东、海南贷款余额列前三位，分别为301.6亿元、102.52亿元和50.99亿元。

三是开展分类示范点工作，深化普惠金融示范区建设。组织4个市州开展普惠金融小范围分类试点示范工作。在柴达木循环经济试验区开展绿色金融示范点建设，探索构建试验区绿色金融体系；在玉树州长江源园区和澜沧江园区3县9乡27个行政村开展"三江源国家公园"普惠金融示范点建设，支持"三江源"地区绿色发展；在海东市加定镇、黄南州坎布拉镇

---

① "三有一无"贫困户名单制：由人民银行、扶贫局、主办行、村委会、第一书记共同对有发展意愿和项目、有资金需求、有劳动能力、无欠贷欠息的"三有一无"建档立卡贫困户，进行摸底调查，建立相应的名单管理制。这种做法得到汪洋副总理的肯定性批示："把村级组织用起来，是个好办法，互利双赢。

开展普惠金融"绿色小镇"示范点建设，发挥引领、示范作用。

四、甘肃省临洮县、和政县普惠金融试点

2016年12月，原银监会、原保监会、甘肃省人民政府联合印发《临洮县普惠金融试点实施方案》《和政县普惠金融试点实施方案》，在两县分别开展普惠金融试点，探索西部地区普惠金融发展模式，助推当地扶贫开发和经济社会发展目标。

一是补齐机构短板，完善两县普惠金融组织体系。农发行临洮县支行、和政县支行先后正式挂牌营业，设立和政县神舟村镇银行。

二是提高基础金融服务覆盖率。通过布放ATM机具、惠农终端机、转账电话、三农终端及四融平台，着力打通金融服务"最后一公里"。截至2017年末，临洮县323个行政村基础金融服务覆盖率达到90.4%，和政县122个行政村实现金融机构便民服务网点全覆盖。

三是创新金融产品和服务模式，加大信贷支持力度。探索"政府+银行+保险+企业+合作社+贫困户"的"六位一体"可持续金融扶贫模式，解决农业企业贷款难、贫困户增收难、农业产业发展风险大难题。截至2017年末，临洮县、和政县小微企业贷款余额分别达到40.7亿元、5.65亿元，涉农贷款余额分别达到93亿元、20.86亿元。

四是落实扶贫小额信贷政策，做好建档立卡户精准扶贫，帮助建档立卡户发展生产、增收脱贫。截至2017年末，临洮县发放扶贫小额信贷10.87亿元，惠及贫困户22822户，占建档立卡户的99.2%；和政县发放扶贫小额信贷3.87亿元，惠及贫困户8281户，占建档立卡户的98.06%。

五是加强普惠金融综合服务功能建设。临洮县设立富民产业大厅，以6个金融服务中心为平台，选派多名优秀年轻金融干部入驻大厅，积极开展企业信贷需求摸底、法律咨询等工作；和政县以初期的"和政金融"微信公众号为基础，逐步升级为"互联网+自助式金融服务"平台，当地群众实现足不出户就能获得金融服务。

六是加大金融知识普及宣传教育。通过加大人才交流学习，强化金融扶贫培训，以及开展"送金融知识下乡""打击非法集资宣传月""诚信和政建设"等宣传活动，广泛宣传金融基础知识，提升金融素养和诚实守信意识，努力营造良好的金融发展环境。

五、河南省兰考县普惠金融改革试验区

2016年12月，经国务院同意，人民银行、原银监会等部门联合印发《河南省兰考县普惠金融改革试验区总体方案》（银发〔2016〕323号），在河南省兰考县开展普惠金融改革试验区建设，重点在县域普惠金融发展路径，特别是在助推经济转型发展、优化新型城镇化金融服务等方面展开探索。

一是提高金融服务的覆盖率和可得性。截至2017年末，布放各类自助设备数量3381台，助农取款点802个，全辖16个乡镇已实现基础金融服务全覆盖；已建成普惠金融服务站365个，共办理支付业务2.6万余笔。实施"信用+信贷"模式，建立与三农、小微企业融资相匹配的新型信用体系。截至2017年末，兰考县信用信息中心已录入企业信息5708户，农户信用信息16.03万户，覆盖面95.4%。

二是提供金融资源和优惠政策，精准支持如期脱贫。人民银行在兰考设立河南省首个县级再贷款再贴现窗口，2017年累计办理再贴现2.33亿元、发放扶贫再贷款10.02亿元。发放金融扶贫贷款3586笔，金额4.82亿元，支持1190家小微企业、新型农业经营主体。发放农户小额贷款5.96亿元，为11.05万户农户发放普惠金融授信证。发放农民财产权试点抵押贷款5732.4万元。引入格莱珉模式，成立10个5人小组，放款金额53.8万元。建立"一户一档"精准扶贫金融服务档案，推动发放5万元、3年期、免抵押、免担保的扶贫小额信贷。推出"脱贫路上零风险"保险项目，为全县贫困户提供一揽子保险服务。兰考贫困发生率已降至1.27%，2017年3月27日已宣布脱贫。

三是加大创新，解决三农问题。出台金融支持农民工市民化意见，引导农业银行兰考支行创新推出"安家贷"，支持农民工进城购房，探索"创业就业贷"等产品，为农民工在城市生产生活提供全程金融扶持。

六、河北省阜平县普惠金融试点

河北省阜平县是国家扶贫开发工作重点县，2012年12月，习近平总书记专程到阜平县考察。河北省委、省政府积极落实习总书记关于"实施精准扶贫，增强内生动力"的批示精神，把金融扶贫作为脱贫攻坚的总抓手，探索建立了"政银保担农"（政府、银行、保险、担保、农户或龙头企业）五位一体的金融扶贫模式，取得积极成效。

为进一步发挥普惠金融支持脱贫攻坚的作用，2017年7月，原银监会、原保监会、河北省人民政府联合印发《创建阜平县普惠金融示范县方案》。通过先行先试，阜平县普惠金融发展环境日益改善。**一是强化网络建设。**阜平县设立了县金融服务中心、乡金融工作部和村金融工作室，构建了覆盖全县13个乡镇、209个行政村的三级金融服务网络。协调解决阜平县联社改制的关键问题，阜平县联社改制取得了阶段性效果。**二是强化政府增信。**由县政府出资2.1亿元成立惠农担保公司，建立"村推荐、乡初审、县惠农担保公司和银行联合审查"的贷款审批工作机制。截至2017年末，全县已有8620户农户和137户企业通过该担保机制获得融资，累计发放资金12.50亿元。**三是强化金融服务。**监管部门督促银行业金融机构发挥各自优势及特点，创新金融产品，降低收费标准，加大普惠金融服务力度。2017年末，辖内银行业机构涉农贷款余额34.62亿元，较年初增加9.27亿元，比同期各项贷款增速高5.17个百分点。**四是强化风险共担。**推动农业保险对主要种养产品实现全覆盖，通过财政补贴降低农民保费成本。2017年全年共办理农业保险1110单，覆盖13个乡镇5.99万农户，保费3960.25万元，保险金额16亿元；全年理赔金额3600万元，共涉及农户约123个村3.15万户次。

第十部分

发展普惠金融面临的挑战

- 金融资源配置不平衡不充分仍然存在
- 金融服务的质量仍待提高
- 普惠金融的商业可持续仍面临挑战
- 金融基础设施亟待完善
- 金融消费素养仍待提升

习近平总书记在党的十九大报告中指出，中国特色社会主义进入新时代，我国社会主要矛盾已经转化为人民日益增长的美好生活需要和不平衡不充分的发展之间的矛盾，反映在金融领域，就表现为广大人民群众的金融服务需要和金融供给不平衡、不充分的矛盾，突出表现为小微企业、农户、贫困人口等群体金融服务不足的问题。普惠金融就是要立足于这些矛盾，分析矛盾存在的根源，应对好当前面临的挑战。主要包括：

一、金融资源配置不平衡不充分仍然存在

当前金融供给主体和工具较为丰富、总量较大，但仍然有市场主体和人民群众金融需求得不到满足，金融资源配置不平衡不充分问题一定范围内仍然存在。**在空间分布上**，中西部地区、偏远山区、深度贫困地区金融资源配置相对不足。**在人群覆盖上**，仍然有部分人口没有信用记录或信用信息未纳入体系，农户、低收入人群、贫困户、老年人、残疾人等群体一定程度上仍受到"金融排斥"。**从融资来看**，城市地区、发达地区、大型企业存在过度供给、过度授信、过度竞争现象，而不少有需求的小微企业、个体工商户、农户则缺乏有效的信贷服务，一定程度上也助长了资金"脱实向虚"。

二、金融服务的质量仍待提高

随着近年来供给侧发力和政策组合拳的出台，金融服务的覆盖面和可得性问题得到缓解，但质量和匹配性仍待提高。**在价格上**，对普惠金融领域的客户定价仍然相对较高，存在用"融资贵"解决"融资难"问题，与资源稀缺叠加，可能激发融资主体的道德风险。**在效率上**，部分普惠信贷业务依然存在审批流程过长、期限过短、与企业生产经营周期不匹配等问题，产生大量摩擦成本，进一步引发周期性、局部性、多发性的融资难问题，也催生了"资金过桥"等高成本融资需求。**在风险上**，普惠客户贷款不良率往往高于平均水平，不少信贷资产质量不高，一些机构在不了解市场时盲目创新扩张，运动式地增加金融供给，埋下风险隐患，让金融业乃

至实体经济为之"买单"。

三、普惠金融的商业可持续仍面临挑战

金融业取得快速发展的同时，金融普惠模式的可持续性仍然面临挑战。金融市场的信息不对称在普惠金融领域表现得尤为突出。**需求侧，**小微企业、农户等普惠金融重点服务对象由于经营积累不足、财务管理不规范和抵质押资产"瑕疵"，先天缺信息、缺信用、缺担保，加之体量小、业务单一，抗风险能力弱，为其提供金融服务往往成本高、风险大，成本收益不对等。**供给侧，**数字普惠金融带来了高效率和好的客户体验，但其服务模式的构建同样面临可持续问题。有的机构利用低成本网络营销手段向大众借款人过度放贷，致使其陷入债务陷阱，以高额利益诱导大众投资者陷入"庞氏骗局"，不仅不可持续，而且对经济社会稳定造成危害。

四、金融基础设施仍待完善

法治建设方面，很多领域（非银行信贷、互联网金融、农村金融、个人信息保护等）的基础立法缺失，经营和监管缺少必要的法律依据，政策多，规范性文件多，法律、行政法规少，一些领域对微观主体的行为调整缺乏制度刚性。执法层面，有法不依的情况也在一定范围内存在。**信用信息**方面，尽管全国信用信息共享平台、失信人联合惩戒机制建设逐步推进，但与普惠金融发展所需的全面覆盖、高效运行、互联互通的信用信息体系仍然存在差距，小微企业、农户等薄弱领域信用档案覆盖仍然不足，部分新型机构依然无法及时有效查询客户信用信息，一定程度上也助长了多头借贷、过度授信。**政策措施**方面，部分货币、财税和监管政策的层层传导落实存在"中梗阻"，效果未能完全达到预期。也有政策存在大水漫灌问题，精准度不够，需求主体反映"不解渴"。**增信和风险分担**方面，抵质押融资等担保机制创新缺少配套措施，政策出台易、落地难，试点易、推广难。从覆盖面来看，政府性融资担保机制发挥作用有限。

五、金融消费素养仍待提升

虽然各相关部门开展了大量金融知识宣传和消费者教育工作，但广大金融消费者的知识和素养仍然难以适应快速发展的金融业态，加之很多领域信息披露不充分，很容易出现产品理解不到位、风险知悉不到位、责任意识不强的问题，且不同地区、人群间存在不平衡。数字普惠金融的发展加剧了金融消费水平的分化，引发"数字鸿沟"现象。金融科技的发展促进了金融服务的可触达，但是如果消费者接触到的金融产品超出其理解范围和消费能力，就会带来很大的风险隐患。"你惦记他的收益，他惦记你的本金"情况并不鲜见。老百姓的金融消费素养提升了，才能真正守好自己的"钱袋子"。

第十一部分

未来建设普惠金融体系的思路

- 持续优化普惠金融供给体系
- 进一步创新普惠金融产品服务体系
- 强化普惠金融政策环境支撑体系
- 健全普惠金融风险防范和监管体系
- 完善消费者教育保护体系

新时代发展普惠金融，要深入贯彻党的十九大精神，按照习近平总书记在全国金融工作会议提出的"建设普惠金融体系"要求，坚持目标导向和问题导向，从普惠金融供给和需求双侧发力，不断拓展普惠金融服务的广度与深度，统筹实现"普"和"惠"的双重目标。突出抓好以下五大体系建设：

一、持续优化普惠金融供给体系

当前制约普惠金融发展的问题主要是供给侧结构性失衡问题，解决这一问题，就需要深化供给侧改革，持续优化普惠金融供给体系。**一是构建竞争性的普惠金融供给格局**。新型金融业态快速发展迫使传统金融机构加速数字普惠金融创新，改进线上服务模式，形成"鲶鱼效应"，最终受益的还是普惠大众。良性的竞争机制体现了市场机制在发展普惠金融中的作用，好的普惠金融服务依赖于差异化、分层竞争的供给，避免"卖方市场"带来的服务意识不足、创新动力不足。**二是强化供给主体内部体制机制改革**。在信贷资源配置、业务流程设计、内部资金转移定价、考核激励等方面打造适合普惠业务的专业化机制，激发内部改革红利。把普惠金融事业部的"五专"机制做实，使之真正落地见效。**三是进一步聚焦基层、回归本源**。地方性、社区性金融机构要将普惠金融作为战略支点，以"普惠业务"立行，回归支农支小、服务社区的本源，实现机构下伸、权力下放、业务下沉，用毛细血管疏通金融服务"最后一公里"。

二、进一步创新普惠金融产品服务体系

以需求为导向，进一步加大普惠金融产品服务创新力度，用好数字普惠金融工具，激发普惠金融内生动力，提升产品服务匹配性。**一是强化需求导向的产品服务创新**。引导金融机构针对小微企业、农户、新型农业生产经营主体等普惠金融客户特点、需求和当前服务的痛点，在抵质押手段、业务流程、还款方式、营销渠道等方面持续加大创新力度，针对性改进服务方式，打造专属的产品服务体系，关注可得性的同时，突出服务的

适当性和需求的匹配性。如**时间维度**上进一步构建覆盖小微企业全生命周期的融资体系，加强续贷产品的开发与推广，改进融资期限管理；**空间维度**上利用核心企业信用支持为上下游小微企业、涉农企业、生产经营性农户做好融资服务，进一步优化供应链金融服务模式。**二是用好数字普惠金融工具。**利用移动互联网、人工智能等新型技术手段，以灵活的方式、较低的成本、便捷的产品解决传统渠道难以有效触达长尾客户的问题。利用大数据、云计算等金融科技手段，整合客户多维度数据信息，实现目标客户的精准识别、画像和量身定做的服务。

三、强化普惠金融政策环境支撑体系

一是加快推动普惠金融相关领域立法，补齐制度短板，依靠规则发挥"指挥棒"作用，强化制度刚性执行。推动出台《非存款类放贷组织条例》，为完善多层次信贷市场、发展普惠金融提供制度基础。**二是**进一步强化普惠金融监管激励约束，优化考核监测办法，完善差别化的监管考核评价机制。**三是**进一步增强货币、财税政策对发展普惠金融的激励和促进作用，在厘清普惠金融业务边界、清晰核算的基础上，量化分析政策效果，推动各方政策形成合力。**四是**加快建设有效的担保增信体系，发挥好政府性融资担保体系和国家融资担保基金的作用，用好抵质押创新试点经验，强化登记、评估、流转等落地机制建设。**五是**加快推进信用体系和信用信息平台建设，继续深化"银税互动"和"银商合作"，促进各类信用信息应用。

四、健全普惠金融风险防范和监管体系

一是强化主体责任。落实全国金融工作会议对所有金融业务纳入金融监管的基本要求，强化金融机构风险防范主体责任，确保依法依规经营，确保业务拓展与风险管理能力相匹配，严防业务异化引发的风险和乱象。**二是**健全普惠金融风险监管体系。平衡好发展普惠金融和防范金融风险的关系，完善普惠金融监管工具箱，提升监管科技水平。加大中央地方

之间、监管部门之间统筹协调力度，避免监管真空。**三是**及时打击非法行为。对于部分打着普惠金融旗号乱办金融，甚至从事非法集资的机构，要及时运用监管"利剑"纠正扰乱市场秩序行为，重拳整治金融乱象，营造风清气正的市场环境。修订《非法金融机构和非法金融业务活动取缔办法》，依法治理金融乱象。

五、完善消费者教育保护体系

一是加强普惠金融领域信息披露和市场的透明度建设。金融机构要及时披露普惠金融服务和产品信息，加强市场监督；政府和监管机构要及时披露合法普惠金融供给机构名单，让非法机构暴露在阳光下。**二是**强化融资主体的履约意识，打击逃废债、"老赖"现象，通过守信奖励和失信惩戒，逐渐使信用意识深入人心，培育良好的信用环境。**三是**注重消费者信息和隐私保护。随着金融科技的发展，移动互联网和大数据的应用逐渐渗入每个微观个体的生活，各类真实场景信息的采集缓解了信息不对称、提升了服务效率，但也引发数据安全隐患，需要引起特别关注，避免侵害消费者合法权益。要进一步健全消费者权益保护制度办法，建立有效的纠纷解决机制，严厉打击损害消费者合法权益的行为。

附录1　普惠金融大事记

2013年	
8月8日	国务院办公厅印发《关于金融支持小微企业发展的实施意见》。
11月12日	党的十八届三中全会通过《中共中央关于全面深化改革若干重大问题的决定》，明确提出"发展普惠金融"。
2014年	
2月28日	原银监会办公厅印发《关于做好2014年农村金融服务工作的通知》。
3月5日	《政府工作报告》提出"发展普惠金融""让金融成为一池活水，更好地浇灌小微企业、'三农'等实体经济之树"。
3月13日	原银监会印发《关于2014年小微企业金融服务工作的指导意见》。
4月16日	李克强总理主持召开国务院常务会议，确定金融服务三农发展的措施决定。
4月20日	国务院办公厅印发《关于金融服务"三农"发展的若干意见》。
5月30日	李克强总理主持召开国务院常务会议，部署落实和加大金融对实体经济的支持。
7月23日	李克强总理主持召开国务院常务会议，部署多措并举着力缓解企业融资成本高问题。
7月23日	原银监会印发《关于完善和创新小微企业贷款服务　提高小微企业金融服务水平的通知》。
8月5日	国务院办公厅印发《关于多措并举着力缓解企业融资成本高问题的指导意见》。
8月8日	人民银行印发《关于全面推进深化农村支付服务环境建设的指导意见》。
8月11日	原银监会办公厅印发《关于推进基础金融服务"村村通"的指导意见》。
8月27日	李克强总理主持召开国务院常务会议，确定加快发展商业健康保险。
9月17日	李克强总理主持召开国务院常务会议，鼓励银行业金融机构单列小微企业信贷计划，鼓励大银行设立服务小微企业专营机构。
10月31日	国务院印发《关于扶持小型微型企业健康发展的意见》。
11月19日	李克强总理主持召开国务院常务会议，决定进一步采取有力措施缓解小微企业、三农等融资难融资贵。
12月3日	李克强总理主持召开国务院常务会议，决定加大对农村金融的税收支持，增强金融支持三农发展的动力和能力。
12月10日	国务院扶贫办、财政部、人民银行、原银监会、原保监会印发《关于创新发展扶贫小额信贷的指导意见》。

续表

2015年	
1月8日	原保监会、工业和信息化部、商务部、人民银行、原银监会印发《关于大力发展信用保证保险服务和支持小微企业的指导意见》。
1月15日	财政部、税务总局印发《关于金融企业涉农贷款和中小企业贷款损失准备金税前扣除有关问题的通知》。
2月16日	原银监会办公厅印发《关于做好2015年农村金融服务工作的通知》。
3月3日	原银监会印发《关于2015年小微企业金融服务工作的指导意见》。
3月5日	《政府工作报告》提出"大力发展普惠金融，让所有市场主体都能分享金融服务的雨露甘霖"。
4月27日	税务总局印发《关于金融企业涉农贷款和中小企业贷款损失税前扣除问题的公告》。
6月23日	原银监会印发《关于进一步落实小微企业金融服务监管政策的通知》。
7月8日	李克强总理主持召开国务院常务会议，决定加大国家助学贷款力度。
7月22日	李克强总理主持召开国务院常务会议，确定全面实施城乡居民大病保险。
7月22日	原保监会印发《互联网保险业务监管暂行办法》。
7月22日	财政部、原农业部、原银监会印发《关于财政支持建立农业信贷担保体系的指导意见》。
7月30日	税务总局、原银监会印发《关于开展"银税互动"助力小微企业发展活动的通知》。
7月31日	李克强总理主持召开国务院常务会议，部署加快融资担保行业改革发展。
8月7日	国务院印发《国务院关于促进融资担保行业加快发展的意见》。
8月10日	国务院印发《关于开展农村承包土地的经营权和农民住房财产权抵押贷款试点的指导意见》。
8月26日	李克强总理主持召开国务院常务会议，确定加快融资租赁和金融租赁行业发展的措施，支持设立面向小微企业、三农的租赁公司。
11月9日	习近平总书记主持中央深改组会议审议通过《推进普惠金融发展规划（2016—2020年）》。
11月29日	中共中央、国务院印发《关于打赢脱贫攻坚战的决定》。
12月2日	李克强总理主持召开国务院常务会议，决定建设浙江省台州市小微企业金融服务改革创新试验区，在吉林省开展农村金融综合改革试验。
12月30日	税务总局印发《关于进一步拓展"银税互动"活动的意见》。
12月31日	国务院印发《推进普惠金融发展规划（2016—2020年）》。

续表

2016年	
2月6日	原银监会印发《关于2016年推进普惠金融发展工作的指导意见》。
2月15日	原银监会办公厅印发《关于加强银行业消费者权益保护 解决当前群众关切问题的指导意见》。
2月19日	原银监会办公厅印发《关于做好2016年农村金融服务工作的通知》。
3月5日	《政府工作报告》指出"大力发展普惠金融和绿色金融"。
3月15日	人民银行、原银监会、原保监会、财政部、原农业部印发《农村承包土地的经营权抵押贷款试点暂行办法》。 人民银行、原银监会、原保监会、财政部、原国土资源部、住房和城乡建设部印发《农民住房财产权抵押贷款试点暂行办法》。
3月21日	人民银行、发展改革委、财政部、原银监会、证监会、原保监会、国务院扶贫办印发《关于金融助推扶贫攻坚的实施意见》。
4月1日	原银监会印发《关于银行业金融机构积极投入脱贫攻坚战的指导意见》。
4月12日	国务院办公厅印发《互联网金融风险专项整治工作实施方案》。
4月13日	原银监会等十五部委联合印发《P2P网络借贷风险专项整治工作实施方案》。
5月6日	国家农业信贷担保联盟有限责任公司成立。
5月16日	原银监会、原国土资源部印发《农村集体经营性建设用地使用权抵押贷款管理暂行办法》。
5月30日	原保监会、国务院扶贫办印发《关于做好保险业助推脱贫攻坚工作的意见》。
6月22日	李克强总理主持召开国务院常务会议,强调通过专项检查,督促银行业金融机构切实做到小微企业贷款"三个不低于"。
7月4日	原银监会办公厅印发《推进普惠金融发展规划(2016—2020年)分工方案》。
7月20日	全球普惠金融伙伴组织(GPFI)全体会议在中国成都举行,形成《G20数字普惠金融高级原则》、《G20普惠金融指标体系》、《G20中小企业融资行动计划落实框架》三项核心成果,由财金渠道提交至G20杭州峰会。
7月27日	李克强总理主持召开国务院常务会议,确定有针对性地加强小微企业金融服务的措施,确保实现小微企业贷款"三个不低于"、合理设定小微企业流动资金贷款期限、坚决清理整顿融资过程中的各种不合理收费,缓解小微企业融资难融资贵。
8月8日	国务院印发《降低实体经济企业成本工作方案》。
8月17日	原银监会、工业和信息化部、公安部、网信办印发《网络借贷信息中介机构业务活动管理暂行办法》。
9月8日	证监会印发《关于发挥资本市场作用服务国家脱贫攻坚战略的意见》。

续表

9月24日	财政部印发《普惠金融发展专项资金管理办法》。
10月14日	证监会等十五部门联合发布《股权众筹风险专项整治工作实施方案》。
10月28日	原银监会办公厅、工业和信息化部办公厅、原工商总局办公厅印发《网络借贷信息中介机构备案登记管理指引》。
11月2日	财政部、税务总局印发《关于保险公司准备金支出企业所得税税前扣除有关政策问题的通知》。
11月24日	原银监会办公厅印发《关于进一步提升大型银行县域金融服务能力的通知》。
12月14日	原银监会、原保监会、甘肃省人民政府印发《临洮县、和政县普惠金融试点实施方案》。
12月28日	原银监会印发《关于进一步加强商业银行小微企业授信尽职免责工作的通知》。
12月30日	人民银行印发《关于建立中国普惠金融指标体系填报制度（试行）的通知》。
12月30日	财政部印发《中央财政农业保险保险费补贴管理办法》。
2017年	
2月22日	原银监会办公厅印发《网络借贷资金存管业务指引》。
3月3日	原银监会办公厅印发《关于做好2017年三农金融服务工作的通知》。
3月5日	《政府工作报告》提出"鼓励大中型商业银行设立普惠金融事业部，国有大型银行要率先做到，实行差别化考核评价办法和支持政策，有效缓解中小微企业融资难、融资贵问题"。
3月21日	原银监会办公厅印发《关于做好2017年小微企业金融服务工作的通知》。
3月21日	财政部、税务总局印发《关于中小企业融资（信用）担保机构有关准备金企业所得税税前扣除政策的通知》。
4月19日	李克强总理主持召开国务院常务会议，将金融机构农户小额贷款利息收入免收增值税政策延长至2020年底，并将这一优惠政策范围扩大到所有合法合规经营的小额贷款公司。
4月26日	李克强总理主持召开国务院常务会议，决定在粮食主产省开展提高农业大灾保险保障水平试点，助力现代农业发展和农民增收。
5月2日	财政部、原农业部、原银监会印发《关于做好全国农业信贷担保工作的通知》。
5月3日	李克强总理主持召开国务院常务会议，部署推动大中型商业银行设立普惠金融事业部，聚焦小微企业和三农等提升服务能力。
5月4日	原银监会办公厅印发《提高小微企业信贷服务效率 合理压缩获得信贷时间实施方案》。
5月4日	税务总局、原银监会印发《关于进一步推动"银税互动"工作的通知》。

续表

5月5日	原银监会办公厅印发《关于推进大型商业银行普惠金融事业部设立工作的通知》。
5月5日	证监会正式启动"投资者保护·明规则·识风险"专项宣传活动。
5月17日	财政部印发《关于在粮食主产省开展农业大灾保险试点的通知》。
5月23日	原银监会等十一部委联合印发《大中型商业银行设立普惠金融事业部实施方案》。
5月至9月	原银监会组织开展农商行改革发展成效评估。
6月9日	原银监会党委书记、主席郭树清带队赴工商银行总行实地督察普惠金融特别是小微金融服务开展情况,并主持召开座谈会,听取部分银行相关工作情况汇报。
6月9日	财政部印发《关于小额贷款公司有关税收政策的通知》。
6月21日	李克强总理主持召开国务院常务会议,通过《融资担保公司监督管理条例(草案)》。
7月1日	《证券期货投资者适当性管理办法》正式实施。
7月4日	证监会公布《关于开展创新创业公司债券试点的指导意见》。
7月6日	原银监会、原保监会、河北省人民政府印发《阜平县普惠金融示范县方案》。
7月12日	李克强总理主持召开国务院常务会议,部署拓展"双创"融资渠道,支持地方性法人银行增设从事普惠金融服务的小微支行等。
7月14日至15日	全国金融工作会议召开,习近平总书记强调"要建设普惠金融体系,加强对小微企业、'三农'和偏远地区的金融服务,推进金融精准扶贫,鼓励发展绿色金融",李克强总理指出"要积极发展普惠金融,大力支持小微企业、'三农'和精准脱贫等经济社会发展薄弱环节,着力解决融资难融资贵问题"。
7月19日	原银监会办公厅印发《关于加强农村商业银行股东股权管理和公司治理有关事项的意见》。
7月25日	原银监会、财政部、人民银行、原保监会和国务院扶贫办印发《关于促进扶贫小额信贷健康发展的通知》。
7月28日	李克强总理主持召开国务院常务会议,鼓励各地设立信贷风险补偿基金等,加大对中小微企业、科技创新企业的支持。
7月至12月	原银监会组织开展村镇银行培育发展成效评估。
8月2日	国务院令第683号公布《融资担保公司监督管理条例》。
8月23日	原银监会办公厅印发《网络借贷信息中介机构业务活动信息披露指引》。
8月31日	原工商总局、原银监会印发《关于开展"银商合作"助力小微企业发展的通知》。
9月1日	全国人大修订通过《中小企业促进法》。
9月6日	工业和信息化部印发《关于开展小微企业金融知识普及教育活动的通知》。

续表

9月27日	李克强总理主持召开国务院常务会议，部署加大对小微企业发展的财政金融支持力度，采取减税、定向降准等手段，激励金融机构进一步加大对小微企业的支持。
9月29日	人民银行印发《关于对普惠金融实施定向降准的通知》。
10月11日	原银监会办公厅印发《关于深入推进大型银行普惠金融事业部相关工作的通知》。
10月18日	习近平总书记在十九大报告中指出"中国特色社会主义进入新时代，我国社会主要矛盾已经转化为人民日益增长的美好生活需要和不平衡不充分的发展之间的矛盾""我国经济已由高速增长阶段转向高质量发展阶段"，提出"实施乡村振兴战略""深化金融体制改革，增强金融服务实体经济能力""加强对中小企业创新的支持"。
10月26日	财政部、税务总局印发《关于支持小微企业融资有关税收政策的通知》。
10月30日	原银监会办公厅、人民银行办公厅向各省、自治区、直辖市人民政府印送《关于商请建立完善普惠金融发展规划落实、督察和协调机制的函》。
11月7日	国务院召开全国小微企业金融服务电视电话会议。李克强总理作出重要批示，马凯副总理出席会议并讲话。
11月15日	原银监会完善村镇银行监管规制，对其市场定位、公司治理股权管理、风险管理、激励约束及主发起人履职等方面，提出明确监管要求.
12月1日	原银监会办公厅印发《关于学习借鉴河南、湖北、青海三省农村普惠金融发展典型经验的通知》。
12月13日	李克强总理主持召开国务院常务会议，部署创新金融服务，支持新型农业经营主体。
12月19日	原银监会、原国家林业局、原国土资源部印发《关于推进林权抵押贷款有关工作的通知》。
12月20日	人民银行、原银监会、证监会、原保监会印发《关于金融支持深度贫困地区脱贫攻坚的意见》。
2018年	
1月2日	中共中央、国务院印发《关于实施乡村振兴战略的意见》。
1月9日	原银监会印发《关于开展投资管理型村镇银行和"多县一行"制村镇银行试点工作的通知》。
1月10日	原银监会推进深化新形势下农村信用社改革，调整完善参控股农村信用社有关政策，促进健全治理机制。
1月24日	原银监会办公厅印发《银行业扶贫领域作风问题专项治理实施方案》。
2月10日	人民银行和世界银行集团联合发布《全球视野下的中国普惠金融：实践、经验与挑战》中英文版。

续表

2月11日	原银监会办公厅印发《关于2018年推动银行业小微企业金融服务高质量发展的通知》。
2月14日	原银监会办公厅印发《关于做好2018年银行业三农和扶贫金融服务工作的通知》。
3月5日	《政府工作报告》提出"改革完善金融服务体系，支持金融机构扩展普惠金融业务，规范发展地方性中小金融机构，着力解决小微企业融资难、融资贵问题"。
3月28日	李克强总理主持召开国务院常务会议，决定设立国家融资担保基金，推动缓解小微企业和三农等融资难题。
3月29日	财政部、人力资源和社会保障部、人民银行印发《关于进一步做好创业担保贷款财政贴息工作的通知》。
4月2日	银保监会等七部门联合印发《关于印发〈融资担保公司监督管理条例〉四项配套制度的通知》，出台《融资担保业务经营许可证管理办法》、《融资担保责任余额计量办法》、《融资担保公司资产比例管理办法》和《银行业金融机构与融资担保公司业务合作指引》。
4月25日	李克强总理主持召开国务院常务会议，部署对银行普惠金融服务实施监管考核，确保实现小微企业贷款"两增两控"，力争到第三季度末小微企业融资成本有较明显降低。
5月14日	银保监会办公厅印发《关于进一步提高大型银行普惠金融事业部服务能力的通知》。
6月20日	李克强总理主持召开国务院常务会议，部署进一步缓解小微企业融资难融资贵，确定了货币政策、监管考核、税收优惠等一系列政策措施。
6月23日	人民银行、银保监会、证监会、发展改革委、财政部联合印发《关于进一步深化小微企业金融服务的意见》。
7月23日	李克强总理主持召开国务院常务会议，部署更好发挥财政金融政策作用，缓解小微企业融资难融资贵。
8月16日	李克强总理主持召开国务院常务会议，部署畅通金融服务实体经济传导机制，采取建立贷款风险补偿机制方式，缓解小微企业和民营企业融资难融资贵问题。
8月22日	李克强总理主持召开国务院常务会议，部署进一步推进缓解小微企业融资难融资贵政策落地见效，要求建立金融机构绩效考核与小微信贷投放挂钩的激励机制，优化监管考核，增设小微信贷专项考核指标。
8月30日	李克强总理主持召开国务院常务会议，将符合条件的小微企业和个体工商户贷款利息收入免征增值税单户授信额度上限，由此前已确定的500万元进一步提高到1000万元。
9月5日	财政部、税务总局印发《关于金融机构小微企业贷款利息收入免征增值税政策的通知》。

附录2 我国普惠金融政策文件汇编

序号	发文时间	发文单位	文件制度文件制度	文号文号
1	2015年12月31日	国务院	关于印发推进普惠金融发展规划（2016—2020年）的通知	国发〔2015〕74号
2	2018年1月2日	中共中央 国务院	关于实施乡村振兴战略的意见	中发〔2018〕1号
3	2017年10月18日	中共中央	党的十九大报告	
4	2013年11月12日	中共中央	关于全面深化改革若干重大问题的决定	
5	2014年3月5日	国务院	2014年政府工作报告	
6	2016年10月17日	国务院	关于印发全国农业现代化规划（2016—2020年）的通知	国发〔2016〕58号
7	2016年2月6日	原银监会办公厅	关于2016年推进普惠金融发展工作的指导意见	银监办发〔2016〕24号
8	2016年7月4日	原银监会办公厅	关于印送《推进普惠金融发展规划（2016—2020年）分工方案》的函	银监办函〔2016〕27号
9	2017年9月6日	工业和信息化部	关于开展小微企业金融知识及教育活动的通知	工信部企业函〔2017〕381号
10	2017年8月31日	工商总局 原银监会	关于开展"银商合作" 助力小微企业发展的通知	工商个字〔2017〕162号
11	2017年5月4日	原银监会办公厅	关于提高小微企业信贷获得率 合理压缩获得信贷时间实施方案的通知	银监办发〔2017〕61号
12	2016年12月28日	原银监会	关于进一步加强商业银行小微企业授信尽职免责工作的通知	银监发〔2016〕56号
13	2015年6月23日	原银监会	关于进一步落实小微企业金融服务监管政策的通知	银监发〔2015〕38号
14	2014年10月31日	国务院	关于扶持小型微型企业健康发展的意见	国发〔2014〕52号
15	2014年8月5日	国务院办公厅	关于多措并举着力缓解企业融资成本高问题的指导意见	国办发〔2014〕39号
16	2014年7月23日	原银监会	关于完善和创新小微企业贷款服务 提高小微企业金融服务水平的通知	银监发〔2014〕36号

续表

序号	发文时间	发文单位	文件制度文件制度	文号文号
17	2013年8月8日	国务院办公厅	关于金融支持小微企业发展的实施意见	国办发〔2013〕87号
18	2013年3月21日	原银监会	关于深化小微企业金融服务的意见	银监发〔2013〕7号
19	2014年3月13日	原银监会	关于2014年小微企业金融服务工作的指导意见	银监发〔2014〕7号
20	2015年3月3日	原银监会	关于2015年小微企业金融服务工作的指导意见	银监发〔2015〕8号
21	2017年3月20日	原银监会办公厅	关于做好2017年小微企业金融服务工作的通知	银监办发〔2017〕42号
22	2014年4月11日	财政部 工业和信息化部 科技部 商务部	关于印发《中小企业发展专项资金管理暂行办法》的通知	财企〔2014〕38号
23	2017年5月28日	国务院办公厅	关于印发动富民行动"十三五"规划的通知	国办发〔2017〕50号
24	2017年3月31日	国务院	关于建立粮食生产功能区和重要农产品生产保护区的指导意见	国发〔2017〕24号
25	2016年12月17日	国务院办公厅	关于进一步促进农产品加工业发展的意见	国办发〔2016〕93号
26	2015年12月30日	国务院办公厅	关于推进农村一二三产业融合发展的指导意见	国办发〔2015〕93号
27	2015年10月31日	国务院办公厅	关于促进农村电子商务加快发展的指导意见	国办发〔2015〕78号
28	2015年9月16日	原农业部 发展改革委 财政部 原银监会	关于扎实推进国家现代农业示范区建设率先实现农业现代化的指导意见	农计发〔2015〕151号
29	2014年8月1日	原农业部	关于推动金融支持和服务现代农业发展的通知	农财发〔2014〕93号
30	2014年7月31日	原银监会 原农业部	关于金融支持农业规模化生产和集约化经营的指导意见	银监发〔2014〕38号
31	2014年4月20日	国务院办公厅	关于金融服务三农发展的若干意见	国办发〔2014〕17号
32	2013年9月11日	原银监会	关于商业银行发行三农专项金融债有关事项的通知	银监发〔2013〕39号
33	2013年7月1日	国务院办公厅	关于金融支持经济结构调整和转型升级的指导意见	国办发〔2013〕67号
34	2012年12月13日	原银监会办公厅	关于做好老少边穷地区农村金融服务工作有关事项的通知	银监办发〔2012〕330号
35	2014年2月28日	原银监会办公厅	关于做好2014年农村金融服务工作的通知	银监办发〔2014〕42号

续表

序号	发文时间	发文单位	文件制度文件制度	文号文号
36	2015年2月16日	原银监会办公厅	关于做好2015年农村金融服务工作的通知	银监办发〔2015〕30号
37	2016年2月19日	原银监会办公厅	关于做好2016年农村金融服务工作的通知	银监办发〔2016〕26号
38	2017年3月3日	原银监会办公厅	关于做好2017年三农金融服务工作的通知	银监办发〔2017〕31号
39	2015年6月17日	国务院办公厅	关于支持农民工等人员返乡创业的意见	国办发〔2015〕47号
40	2014年8月27日	原农业部 发展改革委 财政部 水利部 税务总局 原工商总局 原林业局 原银监会 供销总社	关于引导和促进农民合作社规范发展的意见	农经发〔2014〕7号
41	2014年2月13日	人民银行	关于做好家庭农场等新型农业经营主体金融服务的指导意见	银发〔2014〕42号
42	2013年9月27日	原银监会办公厅	关于改进农民工金融服务工作的通知	银监办发〔2013〕232号
43	2012年9月17日	原银监会	关于印发《农户贷款管理办法》的通知	银监发〔2012〕50号
44	2017年12月19日	原银监会 原林业局 原国土资源部	关于推进林权抵押贷款有关工作的通知	银监发〔2017〕57号
45	2017年12月29日	原银监会办公厅 原国土资源部办公厅	关于延长农村集体经营性建设用地使用权抵押贷款工作试点期限的通知	银监办发〔2017〕174号
46	2016年11月28日	原银监会办公厅 原国土资源部办公厅	关于扩大农村集体经营性建设用地使用权抵押贷款工作试点范围的通知	银监办发〔2016〕174号
47	2016年5月13日	原银监会 原国土资源部	关于印发农村集体经营性建设用地使用权抵押贷款管理暂行办法的通知	银监发〔2016〕26号
48	2016年3月15日	人民银行 原银监会 财政部 原农业部	关于印发《农村承包土地的经营权抵押贷款试点暂行办法》的通知	银发〔2016〕79号

续表

序号	发文时间	发文单位	文件制度文件制度	文号文号
49	2016年3月15日	人民银行 原银监会 原财政部 原国土资源部 住房城乡建设部	关于印发《农民住房财产权抵押贷款试点暂行办法》的通知	银发〔2016〕78号
50	2015年8月10日	国务院	关于开展农村承包土地的经营权和农民住房财产权抵押贷款试点的指导意见	国发〔2015〕45号
51	2013年7月5日	原银监会 原林业局	关于林权抵押贷款的实施意见	银监发〔2013〕32号
52	2018年8月19日	中共中央 国务院	关于打赢脱贫攻坚战三年行动的指导意见	
53	2017年12月15日	人民银行 原银监会 证监会 原保监会	关于金融支持深度贫困地区脱贫攻坚的意见	银发〔2017〕286号
54	2017年8月8日	国务院扶贫开发领导小组	关于印发《中央单位定点扶贫工作考核办法（试行）》的通知	国开发〔2017〕7号
55	2017年8月8日	国务院扶贫开发领导小组	关于印发《东西部扶贫协作考核办法（试行）》的通知	国开发〔2017〕6号
56	2017年7月25日	原银监会 财政部 人民银行 原保监会 国务院扶贫办	关于促进扶贫小额信贷健康发展的通知	银监发〔2017〕42号
57	2016年12月17日	发展改革委 国务院扶贫办	易地扶贫搬迁工作成效考核暂行办法	发改地区规〔2016〕2660号
58	2016年11月23日	国务院	关于印发"十三五"脱贫攻坚规划的通知	国发〔2016〕64号
59	2016年9月20日	发展改革委	关于印发全国"十三五"易地扶贫搬迁规划的通知	发改地区〔2016〕2022号
60	2016年4月1日	原银监会	关于银行业金融机构积极投入脱贫攻坚的指导意见	银监发〔2016〕9号

109

续表

序号	发文时间	发文单位	文件制度文件	文号文号
61	2016年3月16日	人民银行 发展改革委 财政部 原银保监会 证监会 国务院扶贫办	关于金融助推脱贫攻坚的实施意见	银发〔2016〕84号
62	2015年11月29日	中共中央 国务院	中共中央 国务院关于打赢脱贫攻坚战的决定	中发〔2015〕34号
63	2014年12月10日	国务院扶贫办 财政部 人民银行 原银保监会	关于创新发展扶贫小额信贷的指导意见	国开发〔2014〕78号
64	2014年3月6日	人民银行 财政部 证监会 原保监会 原银监会 国务院扶贫办 共青团中央	关于全面做好扶贫开发金融服务工作的指导意见	银发〔2014〕65号
65	2016年9月8日	证监会	关于发挥资本市场作用服务国家脱贫攻坚战略的意见	中国证券监督管理委员会公告〔2016〕19号
66	2018年1月23日	原银监会办公厅	关于印发银行业扶贫领域作风问题专项治理实施方案的通知	银监办发〔2018〕16号
67	2017年11月2日	原银监会办公厅 人民银行办公厅	关于商请建立完善普惠金融发展规划落实、督察和协调机制的函	银监办函〔2017〕30号
68	2017年4月7日	原银监会	关于提升银行业服务实体经济质效的指导意见	银监发〔2017〕4号
69	2017年2月6日	国务院办公厅	关于创新农村基础设施投融资体制机制的指导意见	国办发〔2017〕17号
70	2016年11月24日	原银监会办公厅	关于进一步提升大型银行普惠金融服务能力的通知	银监办发〔2016〕163号
71	2015年9月1日	国务院办公厅	关于促进金融租赁行业健康发展的指导意见	国办发〔2015〕69号
72	2015年6月5日	原银监会	农村中小金融机构行政许可事项实施办法（修订）	中国银监会令2015年第3号

续表

序号	发文时间	发文单位	文件制度文件制度	文号文号
73	2014年12月9日	原银监会办公厅	关于推进农村商业银行组建工作的通知	银监办发〔2014〕286号
74	2014年12月2日	原银监会	关于进一步促进村镇银行健康发展的指导意见	银监发〔2014〕46号
75	2014年11月24日	原银监会	关于鼓励和引导民间资本参与农村信用社产权改革工作的通知	银监发〔2014〕45号
76	2014年8月11日	原银监会办公厅	关于推进基础金融服务"村村通"的指导意见	银监办发〔2014〕222号
77	2014年8月5日	国务院办公厅	关于多措并举着力缓解企业融资成本高问题的指导意见	国办发〔2014〕39号
78	2014年5月21日	原银监会办公厅	关于加强农村中小金融机构服务体系建设的通知	银监办发〔2014〕151号
79	2013年3月25日	原银监会办公厅	关于持续深入推进支农支小服务"三大工程"的通知	银监办发〔2013〕81号
80	2018年5月14日	银保监会办公厅	关于进一步提高大型银行普惠金融事业部服务能力的通知	银保监办发〔2018〕33号
81	2017年12月15日	原银监会办公厅	关于印发大型银行普惠金融事业部监督管理办法的通知	银监办发〔2017〕162号
82	2017年10月10日	原银监会办公厅	关于深入推进大型银行普惠金融事业部相关工作的通知	银监办发〔2017〕135号
83	2017年5月23日	原银监会 发展改革委 工业和信息化部 财政部 原农业部 人民银行 审计署 税务总局 原证监会 原保监会	关于印发大中型商业银行普惠金融事业部实施方案的通知	银监发〔2017〕25号
84	2017年5月5日	原银监会办公厅	关于推进大型商业银行普惠金融事业部设立工作的通知	银监办发〔2017〕62号
85	2016年8月12日	原银监会办公厅	关于中国邮政储蓄银行设立三农金融事业部的复函	银监办函〔2016〕32号
86	2016年4月20日	原银监会办公厅	关于开发银行设立扶贫金融事业部的复函	银监办函〔2016〕19号
87	2016年4月20日	原银监会办公厅	关于农业发展银行设立扶贫金融事业部的复函	银监办函〔2016〕20号

续表

序号	发文时间	发文单位	文件制度文件制度	文号文号
88	2017年12月1日	原银监会办公厅	关于学习借鉴河南、湖北、青海三省农村普惠金融发展典型经验的通知	银监办发〔2017〕157号
89	2017年7月6日	原银保监会 河北省政府	关于印发创建阜平县普惠金融示范县方案的通知	银监发〔2017〕36号
90	2016年12月26日	人民银行 发展改革委 财政部 原农业部 原银监会 证监会 原保监会 河南省	河南省兰考县普惠金融改革试验区总体方案	银发〔2016〕323号
91	2016年12月14日	原银保监会 甘肃省政府	关于印发临洮县、和政县普惠金融试点实施方案的通知	银监发〔2016〕52号
92	2016年7月11日	原保监会 贵州省人民政府	印发《关于在贵州建设"保险助推脱贫攻坚"示范区的实施方案》的通知	保监发〔2016〕59号
93	2016年6月29日	人民银行办公厅	关于开展青海省普惠金融综合示范区试点的批复	银办函〔2016〕307号
94	2016年4月27日	人民银行办公厅	关于开展陕西省铜川市宜君县农村普惠金融综合示范区试点的批复	银办函〔2016〕39号
95	2015年10月13日	人民银行办公厅	关于开展宁波普惠金融综合示范区试点的批复	银办函〔2015〕405号
96	2018年4月16日	银保监会 公安部 市场监管总局 人民银行	关于规范民间借贷行为 维护经济金融秩序有关事项的通知	银保监发〔2018〕10号
97	2017年8月23日	原银保监会办公厅	关于印发网络借贷信息中介机构业务活动信息披露指引的通知	银监办发〔2017〕113号
98	2017年5月27日	原银保监会 教育部 人力资源和社会保障部	关于进一步加强校园规范管理工作的通知	银监发〔2017〕26号
99	2017年2月22日	原银保监会办公厅	关于印发网络借贷资金存管业务指引的通知	银监办发〔2017〕21号

续表

序号	发文时间	发文单位	文件制度文件制度	文号文号
100	2016年10月28日	原银监会办公厅 工业和信息化部办公厅 原工商总局办公厅	关于印发网络借贷信息中介机构备案登记管理指引的通知	银监办发〔2016〕160号
101	2016年10月18日	原银监会	关于进一步加强校园网贷整治工作的通知	银监发〔2016〕47号
102	2016年8月17日	原银监会 工业和信息化部 公安部 网信办	网络借贷信息中介机构业务活动管理暂行办法	银监会、工业和信息化部、公安部、国家互联网信息办公室令 2016年第1号
103	2016年4月12日	国务院办公厅	关于印发《互联网金融风险专项整治工作实施方案》的通知	国办发〔2016〕21号
104	2015年7月1日	人民银行 工业和信息化部 公安部 财政部 原工商总局 原国务院法制办 原银监会 证监会 原保监会 网信办	关于促进互联网金融健康发展的指导意见	银发〔2015〕221号
105	2014年10月23日	原银监会 原农业部 供销总社	关于引导规范开展农村信用合作的通知	银监发〔2014〕43号
106	2013年5月16日	原银监会办公厅	关于防范外部风险传染的通知	银监办发〔2013〕131号
107	2008年5月4日	原银监会 人民银行	关于小额贷款公司试点的指导意见	银监发〔2008〕23号
108	2016年4月13日	原银监会等十五部门	关于印发《P2P网络借贷风险专项整治工作实施方案》的通知	银监发〔2016〕11号
109	2016年4月14日	证监会等十五部门	关于印发《股权众筹风险专项整治工作实施方案》的通知	证发〔2016〕29号
110	2016年1月11日	原银监会 发展改革委 财政部 工业和信息化部 人民银行 证监会	关于融资担保机构支持重大工程建设的指导意见	银监发〔2016〕1号

续表

序号	发文时间	发文单位	文件制度文件制度	文号文号
111	2015年8月7日	国务院	国务院关于促进融资担保行业加快发展的意见	国发〔2015〕43号
112	2017年5月2日	财政部 原农业部 原银监会	关于做好全国农业信贷担保工作的通知	财农〔2017〕40号
113	2015年7月22日	财政部 原农业部 原银监会	关于印发《关于财政支持建立农业信贷担保体系的指导意见》的通知	财农〔2015〕121号
114	2018年3月14日	原保监会	关于保险业支持深度贫困地区脱贫攻坚的意见	保监发〔2018〕33号
115	2017年4月28日	财政部 税务总局 原保监会	关于将商业健康保险个人所得税试点政策推广到全国范围内实施的通知	财税〔2017〕39号
116	2017年4月12日	原卫生计生委 民政部 财政部 人力资源社会保障部 原保监会 国务院扶贫办	关于印发健康扶贫工程"三个一批"行动计划的通知	国卫财务发〔2017〕19号
117	2017年1月16日	民政部 财政部 人力资源社会保障部 原卫生计生委 原保监会 国务院扶贫办	关于进一步加强医疗救助与城乡居民大病保险有效衔接的通知	民发〔2017〕12号
118	2016年12月19日	原保监会	关于加快贫困地区保险市场体系建设提升保险业保障服务能力的指导意见	保监发〔2016〕105号
119	2016年10月9日	原保监会	关于印发《保险公司城乡居民大病保险投标管理暂行办法》等制度的通知	保监发〔2016〕86号
120	2016年12月22日	中国残联等二十六部门	关于印发《贫困残疾人脱贫攻坚行动计划（2016—2020年）》的通知	残联发〔2016〕77号

续表

序号	发文时间	发文单位	文件制度文件制度	文号文号
121	2016年5月26日	原保监会 国务院扶贫办	关于做好保险业助推脱贫攻坚工作的意见	保监发〔2016〕44号
122	2016年3月10日	原卫生计生委办公厅 财政部民政部办公厅 原保监会办公厅	关于开展预防接种异常反应补偿保险试点工作的通知	国卫办疾控函〔2016〕331号
123	2015年10月24日	原保监会	保险小额赔偿服务指引（试行）	保监消保〔2015〕201号
124	2015年7月28日	国务院办公厅	关于全面实施城乡居民大病保险的意见	国办发〔2015〕57号
125	2015年7月22日	原保监会	互联网保险业务监管暂行办法	保监发〔2015〕69号
126	2015年3月17日	原保监会	关于印发《农业保险承保理赔管理暂行办法》的通知	保监发〔2015〕31号
127	2015年2月15日	原保监会	关于进一步完善中央财政保费补贴型农业保险产品条款拟订工作的通知	保监发〔2015〕25号
128	2015年1月8日	原保监会 工业和信息化部 商务部 人民银行 原银监会	关于大力发展信用保证保险服务和支持小微企业的指导意见	保监发〔2015〕6号
129	2014年10月27日	国务院办公厅	关于加快发展商业健康保险的若干意见	国办发〔2014〕50号
130	2014年8月10日	国务院	关于加快发展现代保险服务业的若干意见	国发〔2014〕29号
131	2013年3月12日	原保监会	关于印发《保险公司城乡居民大病保险业务管理暂行办法》的通知	保监发〔2013〕19号
132	2018年9月5日	财政部 税务总局	关于金融机构小微企业贷款利息收入免征增值税政策的通知	财税〔2018〕91号
133	2018年7月30日	财政部 农业农村部 银保监会	关于将三大粮食作物制种纳入中央财政农业保险保费补贴目录有关事项的通知	财金〔2018〕91号

续表

序号	发文时间	发文单位	文件制度文件制度	文号文号
134	2018年3月27日	财政部 人力资源社会保障部 人民银行	关于进一步做好创业担保贷款财政贴息工作的通知	财金〔2018〕22号
135	2017年12月25日	财政部 税务总局	关于租人固定资产进项税额抵扣等增值税政策的通知	财税〔2017〕90号
136	2017年10月26日	财政部 税务总局	关于支持小微企业融资有关税收政策的通知	财税〔2017〕77号
137	2017年8月31日	财政部	金融企业采账核销管理办法（2017年版）	财金〔2017〕90号
138	2017年6月9日	财政部 税务总局	关于小额贷款公司有关税收政策的通知	财税〔2017〕48号
139	2017年6月9日	财政部 税务总局	关于延续支持农村金融发展有关税收政策的通知	财税〔2017〕44号
140	2017年5月4日	税务总局 原银监会	关于进一步推动"银税互动"工作的通知	税总发〔2017〕56号
141	2017年5月17日	财政部	关于在粮食主产省开展农业大灾保险试点的通知	财金〔2017〕43号
142	2017年3月21日	财政部 税务总局	关于中小企业融资（信用）担保机构有关准备金企业所得税前扣除政策的通知	财税〔2017〕22号
143	2016年12月19日	财政部	关于印发《中央财政农业保险保费补贴管理办法》的通知	财金〔2016〕123号
144	2016年11月2日	财政部 税务总局	关于保险公司准备金支出企业所得税税前扣除有关政策问题的通知	财税〔2016〕114号
145	2016年9月24日	财政部	关于印发《普惠金融发展专项资金管理办法》的通知	财金〔2016〕85号
146	2016年4月29日	财政部 税务总局	关于进一步明确全面推开营改增试点金融业有关政策的通知	财税〔2016〕46号
147	2016年3月23日	财政部 税务总局	关于营业税改征增值税试点若干政策的通知	财税〔2016〕39号
148	2015年7月30日	税务总局 原银监会	关于开展"银税互动"助力小微企业发展活动的通知	税总发〔2015〕96号
149	2015年7月17日	财政部	关于印发《中小企业发展专项资金管理暂行办法》的通知	财建〔2015〕458号
150	2015年4月27日	税务总局	关于金融企业涉农贷款和中小企业贷款损失税前扣除问题的公告	税务总局公告2015年第25号

续表

序号	发文时间	发文单位	文件制度文件制度	文号文号
151	2015年1月15日	财政部 税务总局	关于金融企业涉农贷款和中小企业贷款损失准备金税前扣除有关问题的通知	财税〔2015〕3号
152	2014年12月23日	财政部 发展改革委	关于取消、停征和免征一批行政事业性收费的通知	财税〔2014〕101号
153	2014年10月24日	财政部 税务总局	关于金融机构与小型微型企业签订借款合同免征印花税的通知	财税〔2014〕78号
154	2014年9月25日	财政部 税务总局	关于进一步支持小微企业增值税和营业税政策的通知	财税〔2014〕71号
155	2017年12月20日	人民银行	关于优化企业开户服务的指导意见	银发〔2017〕288号
156	2017年12月13日	人民银行	关于规范支付创新业务的通知	银发〔2017〕281号
157	2017年9月29日	人民银行	关于对普惠金融实施定向降准的通知	银发〔2017〕222号
158	2017年2月20日	人民银行	关于持续提升收单服务水平规范和促进收单市场发展的指导意见	银发〔2017〕45号
159	2015年12月25日	人民银行	关于改进个人银行账户服务加强账户管理的通知	银发〔2015〕392号
160	2015年9月25日	人民银行	关于全面推进中小企业和农村信用体系建设的意见	银发〔2015〕280号
161	2014年12月29日	人民银行	关于完善信贷政策支持再贷款管理支持扩大三农、小微企业信贷投放的通知	银发〔2014〕396号
162	2014年8月8日	人民银行	关于全面推进深化农村支付服务环境建设的指导意见	银发〔2014〕235号
163	2014年3月20日	人民银行	关于开办支小再贷款支持扩大小微企业信贷投放的通知	银发〔2014〕90号
164	2013年12月31日	人民银行	关于金融债券专项用于小微企业贷款后续监督管理有关事宜的通知	银发〔2013〕318号
165	2018年7月30日	银保监会	关于银行业和保险业做好扫黑除恶专项斗争有关工作的通知	银保监发〔2018〕45号
166	2018年8月1日	最高人民法院	关于依法妥善审理民间借贷案件的通知	法〔2018〕215号
167	2017年9月1日	全国人大常委会	中小企业促进法	

117

续表

序号	发文时间	发文单位	文件制度文件制度	文号文文号
168	2017年8月4日	最高人民法院	关于进一步加强金融审判工作的若干意见	法发〔2017〕22号
169	2016年2月14日	原银监会办公厅	关于加强银行业消费者权益保护 解决当前群众关切问题的指导意见	银监办发〔2016〕25号
170	2015年9月28日	人民银行 原银监会 国家统计局	关于印发《金融业企业划型标准规定》的通知	银发〔2015〕309号
171	2015年8月6日	最高人民法院	关于审理民间借贷案件适用法律若干问题的规定	法释〔2015〕18号
172	2013年12月12日	原银监会	关于做好特殊消费者群体金融服务工作的通知	银监办发〔2013〕289号
173	2013年11月14日	原银监会	消费金融公司试点管理办法	银监会令2013年第2号
174	2013年8月30日	原银监会	关于印发银行业消费者权益保护工作指引的通知	银监发〔2013〕38号
175	2011年6月18日	工业和信息化部 国家统计局 发展改革委 财政部	关于印发《中小企业划型标准规定》的通知	工信部联企业〔2011〕300号
176	1998年7月13日	国务院	非法金融机构和非法金融业务活动取缔办法	国务院令第247号
177	2017年7月4日	证监会	关于开展创新创业公司债券试点的指导意见	中国证券监督管理委员会公告〔2017〕10号

附录3　巴塞尔委员会《有效银行监管核心原则在普惠金融领域的应用指引》要点编译

　　《有效银行监管核心原则》是巴塞尔银行监管委员会发布的在全球具有广泛适用性的银行监管国际标准。2016年，巴塞尔委员会依据第三版《有效银行监管核心原则》，结合普惠金融有关核心原则调查成果，编制了《有效银行监管核心原则在普惠金融领域的应用指引》（*Guidance on the Application of the Core Principles for Effective Banking Supervision to the Regulation and Supervision of Institutions Relevant to Financial Inclusion*，以下简称《指引》）。《指引》梳理回顾了29条核心原则中19条普惠金融相关原则，阐述了如何运用监管匹配性原则对从事薄弱领域金融服务的机构及其业务活动实施监管，对普惠金融发展与监管有很好的借鉴意义。

一、引言

（一）出台背景

　　近年来，越来越多的国家开始将普惠金融作为政策重点，G20全球普惠金融合作伙伴组织（GPFI[①]）等普惠金融领域国际组织也相继成立，全球标准制定组织也越来越多地将普惠金融的目标理念纳入到其工作框架中。与此同时，2007—2009年的金融危机引发反思银行监管的稳健性目标与消费者保护的关系，近期又开始探索稳健性目标与普惠金融目标的关系。一些标准制定组织对金融排斥带来的风险也提高了关注度。

　　普惠金融既会为金融体系的安全稳健带来收益，也会给金融服务的提供者和消费者带来潜在风险。国际货币基金组织有关研究指出，普惠金融

[①] GPFI（全球普惠金融合作伙伴组织）于2010年12月在G20韩国首尔峰会上成立，作为G20普惠金融行动组的主要执行机制，也成为G20成员国及非成员国政策制定者之间沟通交流、知识分享、政策倡导与相互协作的平台。

可以显著促进宏观经济增长，但是扩大的信贷覆盖面如果伴随着较弱的银行监管则会损害宏观金融稳定。

（二）前期工作基础

巴塞尔委员会从2008年起涉足普惠金融领域，开展了微型金融相关调查，2010年出台了2006年版《有效银行监管核心原则》（*Core Principles for Effective Banking Supervision*，以下简称《核心原则》）在微型金融活动领域的应用指引。2012年，基于开展的普惠金融相关工作，巴塞尔委员会归纳出普惠金融发展变革的三个特点：一是为金融薄弱领域提供的产品已从最初的小额信贷扩展到创新型储蓄、支付、转账、保险等领域。二是普惠金融服务提供者包括银行，也包括移动网络运营商等非银行机构，与零售商等渠道合作对接客户。三是变化的速度非常迅猛。2013年，巴塞尔委员会围绕普惠金融相关核心原则的运用在各国监管机构中开展调查，形成了调查报告（RoP Report），为本次出台的《指引》提供了基础。

（三）出台意义和主要内容

正如《核心原则》前言所述，"有效银行监管实践不是静态的，而是随着银行业的发展和发展过程中积累的经验教训而不断演变的"。《指引》的出台，旨在帮助监管机构应对金融机构在服务金融薄弱群体过程中的产品、服务和渠道的变革与创新，也将帮助监管机构应对其他领域的创新。《指引》探讨了银行和非银行机构在提高金融领域可获得性、服务金融弱势群体过程中可能带来的风险，通过《核心原则》的视角，指导审慎监管机构采用匹配性原则（proportionality）实施监管，亦涉及消费者保护、反洗钱和金融反恐等相关内容。

引入匹配性原则是2012年版《核心原则》所做的重要修订，使之更加适用于广义银行业金融机构体系，强调监管与银行风险和系统重要性的匹配，有效监管的宏观审慎和微观审慎因素的相互补充，促使监管机构评估风险时不仅仅考虑机构个体还要考虑宏观经济环境、分领域趋势和非银行机构的风险等更宏观的因素。在普惠金融领域，匹配性原则意味着有效分配监管资源，也需要对发展普惠金融所带来的风险性质和风险水平变化有专业的理解。

在很多国家，非银行机构成为服务金融薄弱领域的主力，《指引》进一步强调了对非银行金融机构监管的匹配性原则，例如，考虑其是否吸收公众存款、其客户覆盖面是否具有系统重要性等。对于非银行机构及业务的相关监督主体（如支付机构、电信业务监管部门）亦有借鉴意义。

二、核心原则在普惠金融领域的应用

（一）监管权力、责任和职能

原则1：责任、目标和权力

必要标准2明确，银行监管的首要目标是促进银行体系的安全稳健。如果银行监管机构被赋予更广泛的职责，应当确保其他职责服从这一首要目标（BCBS，2012），不得与之冲突。承担普惠金融职责的监管机构，需要考虑金融排斥对金融体系的安全稳健带来的风险，包括信息不透明、宏观经济波动（Dabla-Norris和Srivisal，2013）、社会政治不稳定等。同时，必要标准2应适用于更宽泛的金融业范畴，例如，将银行和银行体系的概念扩展到服务大量金融消费者的持牌非银行类存款机构[①]。

根据必要标准6，监管法规应当规定任何主营业务包含金融服务的非金融企业必须进行注册登记或申领金融牌照，或者设立独立法人注册登记或申领牌照（BCBS，2012）。一些国家主要由非金融机构通过创新产品和服务满足薄弱领域金融需求，上述要求则显得尤为重要。

此外，根据必要标准7，法律应当赋予监管机构评估被监管机构母公

[①] 存款机构（deposit-taking institution），指银行和其他接受存款、融通资金的持牌金融机构，包括金融合作机构（储蓄类和信贷类），不包括只从事单一汇款业务的机构或非正式的储蓄计划。

司及其关联公司经营活动的权力（例如作为电子货币发行机构①母公司的
移动网络运营商），以判断这些活动可能对该机构及其所在体系的安全稳
健带来的影响。

原则2：独立性、问责制、资源和监管者法律保护

如果监管者负责监管几类不同的金融机构，应当按照匹配性原则，
根据风险状况和系统重要性分配监管资源，并考虑机构采用的风险缓释措
施。如果监管者对特定类型的机构采用了特定的方法（参见原则8的应用
指引），监管机构应当确保监管目标、方法和责任框架的透明（必要标
准3）。

在一些国家，政府通过设立新的机构或扩展传统国有金融机构业务范
围，推动普惠金融发展。对此，应当在法律层面确保监管机构有权对其进
行适当、有效的监管，并保持充分的独立性，不受政府或行业的干预（必
要标准1）。同理，监管机构也不应承担其监管对象的经营管理职责②，
以避免行业干预和利益冲突。一般意义上，监管机构也不应承担促进其监
管对象某一领域发展的职责。如果监管机构承担了此类促发展的职责或目
标，就需要明确公布监管目标（必要标准3），并确保相应职责的履行与
促进监管对象长期持续稳健运营的目标相一致。这就需要相应的制度安排
作为支撑，推动有效的合作，确保发展和监管职能的独立性，减少利益
冲突。

承担多重监管职责的监管机构，需要充足的资源实施有效监管，并确
保其资金来源对其自主性和运作独立性没有不利影响（必要标准6）。随
着形势发展，监管机构需要不断面对新机构、新产品、新机制，且这些新
生事物的数量、范围和规模增长迅速，监管机构应当定期对现有技能和中

---

① 电子货币发行机构（e-money issuer），指发行电子货币的银行或非银行机构。根据支付与市
场基础设施委员会（CPMI）的定义，电子货币（e-money）指存储在电子设备或远程服务器的电子化
现金等价物。

② 例如，一些国家作为监管机构的央行就可能参与国有金融机构重大经营管理决策。

短期标准进行评估，并采取措施弥补人员数量和（或）已确认专业技能的差距（必要标准7）。

原则3：合作与协作

银行通常由央行或独立的银行监管机构监管。其他非银行类存款机构可能由银行监管机构或其他政府机构（如特定的非银行监管机构、财政部门、合作机构等）负责监管。既存在针对不同功能（如金融稳健、存款保险、消费者保护、竞争和数据保护）进行监管的功能监管部门，也存在针对提供不同类型产品（如授信、保险、证券、支付）的机构实施监管的机构监管部门。一些创新型数字化金融产品面向薄弱领域提供服务，就可能涉及上述各类监管部门，甚至包括移动网络运营商的监管部门。

监管合作与协作是建立普惠金融服务机构有效监管框架的关键所在，特别是：1.为持牌机构设定明确、相匹配的制度规则；2.厘清监管职责，尽可能避免、减少监管重叠和监管空白，防止提供类似产品的机构进行监管套利；3.在普惠金融等政策目标的落实过程中，尽可能避免、减少前后不一致或合规成本过高的规定；4.对于可能影响金融体系的风险来源或风险事件，包括来自非金融行业的风险（如电信业、零售业），实现信息有效共享。为此，境内外负责银行、非银行金融机构和提供类似产品服务的非金融企业安全稳健运行的监管机构，以及负责金融体系稳定的各相关部门，应当建立正式或非正式的合作机制，包括信息分析和共享、联合开展工作等（必要标准1、标准2）。境内外监管机构信息共享的前提是，必须采取适当措施，确保提供的保密信息仅能用于对特定机构的监管（必要标准3）。

原则4：许可的业务范围

商业银行通常被允许从事范围较广的业务活动，而非银行金融机构则业务范围相对单一，比如发放贷款，有的也允许吸收存款。普惠金融领域越来越多的非银行金融机构开始涉足以下业务活动：开展国内及国际汇款业务；发行支付卡或电子货币；使用代理对接消费者；充当其他金融机构的代理商或基础保险的分销商等。

对于一些规模较小或经验不足的非银行存款类机构，某些业务活动（如开立支票账户或从事外贸融资）可能超出了其管理能力和专业技能。需要先对该机构进行全面、彻底的评估，确保其管理层具有确认、控制和缓释复杂风险的能力，才能许可其从事复杂业务活动。

除了许可的业务范围受到限制，从事普惠金融服务的非银行机构提供的产品一般比面向中高端客户的产品更为简单。产品的复杂度有时体现在规模上，如小额贷款①、小额账户、小额交易，较小的规模往往意味着对机构本身和金融体系的风险相对可控。

必要标准2要求，对于特定类型的金融机构，许可的业务活动必须由监管机构或法律法规明确规定。但为保护创新，许可的业务范围界定应足够宽泛。与此同时，监管机构应密切关注出现的新产品和服务（通过市场监督、局部开展试点、借鉴别国类似经验等），及时对许可业务清单进行必要调整。

从事吸收公众存款业务的机构必须持有相应牌照并接受监管（必要标准4），与之相应，提供电子货币或其他非存款类数字金融产品的机构也需视其风险状况设置许可并实施监管。一些地区的非银行电子货币发行者被法律界定为"面向薄弱领域提供非传统金融服务的金融机构"。一些监管实践要求这类非金融企业（如移动网络运营商）必须通过设立独立法人才能提供相应的金融服务（如发行电子货币）。

监管机构或发照机关应对当前注册、持照及受监管的金融机构实行名单制管理，及时发布并更新名单内容（必要标准5），确保名单清晰、全面。名单应包含每类机构被许可的业务范围、监管部门、是否有存款保险等保护及由谁提供。

---

① 小额贷款（microcredit），通常指额度较小、面向未受到金融服务或服务水平不足的消费者提供的贷款，特别是面向就业不充分、个体经营和非正式就业的贫困人群、低收入人群及微型企业提供的贷款。

原则5：发照标准

对于接受存款类业务的机构，建议实行牌照管理并实施外部监管。在一些国家，发照机构与监管机构可以不同（必要标准1）。

许可业务的差异体现在差异化准入要求上。无论是否主要提供普惠金融服务，基本的准入标准类似，通常涵盖主要股东、初始资本来源（必要标准5）、最低注册资本（必要标准6）、董事和高管（必要标准7）等方面。但是针对这些标准的具体要求和内容可以不同，体现了服务薄弱领域的产品、服务、渠道及机构架构的风险差异。

监管机构可以对金融机构开展的业务活动设定分层准入标准，使得普惠金融服务提供者能够在授权框架内更好地应对市场需求，从而有助于获取消费者的信任。分层准入也将激励其他不受监管的小额信贷等机构提升服务质量和管理水平，尽早跻身持牌机构行列。对于非持牌的实行注册制管理的机构，监管机构也应当监督其行为，识别相关机构、部门、产品和渠道风险苗头，一旦其风险足够大，则应采取牌照管理手段，实施更为严格的监管，以遏制风险扩大蔓延。

在一些国家，非营利微型金融机构正在向营利性、受监管的金融机构乃至存款类机构转型（Lauer，2008）。监管机构应当构建相应的机制促其顺利转型，注意监管的一致性和连贯性。比如，刚刚转型为营利机构的微型金融机构往往同时有非营利投资者和营利投资者，相比而言，非营利投资者对管理层风险行为监督的激励和能力都更弱。设定股东合适性、股权分散性和治理结构的监管标准时应反映上述情况。对于业务范围有限、风险较低的小型机构，最初的所有制结构短期内可能适用，但中长期往往需要所有者持有更多金融资产，确保充足的资本、良好的治理和对管理层的充分监督。

对每类机构设置合适的最低注册资本要求（必要标准6）非常重要。与银行相比，非银行机构通常业务范围较窄且相对单一、规模较小，可以适当降低其最低注册资本要求，但还是应当设置一定的资本准入门槛，确保能够提供持续经营所需的基础设施，有充足的资本覆盖可能发生的非预期损失，体现新进入者财务实力和承诺。

其他准入标准（战略规划、经营计划、财务预测、治理结构、风险策略、内部控制以及外包业务管理等）对于提供新产品、服务、渠道及机制的机构也相当重要。为了准确评估申请者上述情况，监管机构需要熟悉这些新的产品、服务、渠道中可能存在的风险，如运用新技术的信息安全风险、使用代理网络对接客户的操作风险等（必要标准8）。

原则8：监管方式

监管机构应当根据具体情况的不同，对不同类型的机构和领域采用不同的方式进行监管。监管方法的使用应当建立在全面了解其风险状况（包括系统重要性、特有风险、动态评估及机构架构等）的基础上，也需要有一套明确的、行之有效的前瞻性评估方法（必要标准2）。例如，对于大量业务较为单一、非系统重要性的小型银行或非银行金融机构①（如金融合作机构②、农村小型银行、微型金融机构），虽然普遍为广大薄弱群体提供了金融服务，但监管资源所限，监管机构不可能采用与大、中型金融机构相当的频度和力度对单家机构进行监管，除非其普惠金融业务或风险达到一定规模。

对某类机构的监管，不论整体采用怎样的方法，原则8的必要标准能作为很好的依据，指导创新型的机构、产品和渠道面向薄弱领域提供金融服务。比如，监管机构在评估某类普惠金融服务机构的风险时，类似目前对银行和银行集团的监管，同样需要考虑其面临的宏观经济环境，以及跨行业、跨领域（如其他受监管的银行或非银行机构）变化情况（必要标准

---

① 非银行金融机构（non-bank financial institution），遵照2012年版《核心原则》中的定义，指提供类似银行存贷款服务业务的、银行之外的金融机构，包括存款类和非存款类金融机构。
② 金融合作机构（financial cooperative），指由会员所有或控制的金融机构，按照"一会员一票"的规则治理，通常接受会员存款或其他代偿资金、面向会员发放贷款，有些也为非会员提供金融服务。金融合作机构一词包括信用合作社、合作银行、储蓄和信贷合作组织等。

4）。同时，监管机构应当建立清晰的框架和程序处理陷入困境的机构，以保证及时采取措施应对或处置问题机构（必要标准6、标准7）。此外，建立健全行业非现场监测体系将有助于普惠金融领域的风险识别和缓释。

原则9：监管技术和工具

监管机构应当全面掌握金融机构的风险状况和内控环境，从而确定合理监管方式（参见原则8指引），并设定有效的监管工具、技术（现场和非现场监管的适当组合）及纠正措施（必要标准1）。普惠金融服务领域包含众多小型金融机构，多样化的机构、产品和渠道，广泛的第三方合作主体，上述特点对监管技术和工具均提出了更高的要求，且更重视非现场监管。例如，同样是贷款质量评估，小额信贷与传统商贷通常适用不同的技术方法。其他的典型例子，包括基于手机用户等交易行为的"另类"信用评分方法、采用外包机构的信用筛选模型、通过零售商渠道分销信贷产品等。

基于对特定分支领域的了解以及采用的具体监管方式，监管机构应当制定相关政策和程序，确保监管工作开展的连贯性和一致性（必要标准2）。如果需要较多地依靠非现场监管，就需要建立有效的具备早期预警功能的非现场监管系统，便于监管者识别其他机构类似业务的风险隐患。一个好的监管系统依赖于监管对象标准化的信息报送，也包含对其他信息资源的使用，包括自查自评、公开信息和市场智库。监管机构要通过内部合作和部际协调（必要标准5）建立有效的信息共享机制，特别是对于成长迅速的市场，要善于利用消费者投诉信息等财务数据之外的信息来源。

监管机构不能将审慎监管职责外包给第三方，但可以借助外部审计（必要标准11）或其他专业机构对不熟悉的领域开展第三方评估，如提供普惠金融服务的网络技术平台。使用第三方评估时，监管机构需要评估能否依靠第三方获得预期的工作成果，并考虑可能导致第三方判断偏差的因素。

原则10：监管报告

对于主要服务金融薄弱领域的金融机构，应对其监管报告的要求做适当调整，确保监管机构掌握相应的信息，理解其业务模式和风险状况（必要标准1），从而开展与之相匹配的有效监管。为避免带来过重的报告负担，监管机构应当首先明确重点风险监测指标，这些指标应当能够反映资产质量、贷款损失拨备、风险集中度、关联交易、资本充足情况、经营成本、融资结构、流动性、外汇敞口及利率定价缺口等，确保指标能够在同类机构间进行横向比较，也要善于借助内外部审计报告获取其特定业务活动的信息。

为提升监管报告的可靠性和可用性，监管机构应当制定相应的报告指南，明确适用的会计标准和原则，特别是不需强制执行国际或国内会计准则的监管对象（必要标准2）。监管机构也要善于收集和利用标准化的金融投诉数据信息，全面地、前瞻性地分析监测机构的风险状况。监管标准和原则需要基于国际通用的会计准则及规则制定（必要标准2）。

同时，监管机构应当具备足够的权威性，要求机构及时准确地报送监管信息，作为合规监管的一部分（必要标准8）。监管机构也要充分意识到一些类型的普惠金融服务机构在信息报送方面可能存在的问题和挑战（如有限的信息系统、人员和技能）。

原则11：监管机构的纠正和处罚权力

一整套行之有效的监管手段能够促使机构及时采取纠正措施，不仅适用于银行，也适用于从事普惠金融服务的非银行存款类机构，但调查显示，监管机构对后者（包括非银行电子货币发行机构）采取纠正和补救措施的权威性往往不及前者。一些国家允许非金融企业（如移动网络运营商）开展受监管的金融业务（如发行电子货币），通过立法对其设置必要的准入条件，有助于树立审慎监管的权威性，也便于采取相应的纠正措施或处罚。

一些从事普惠金融服务的机构接受的监管密集程度低于银行，或适用其他监管方法（参见核心原则8）。监管机构需确保对其采用监管方法和工具能起到有效的监测作用。此外，监管机构应当与其他监管当局（如电信监管机构）密切合作，以便及时获取非金融企业或第三方主体新型风险的相关信息，迅速做出协调一致的回应。

监管机构在针对普惠金融服务机构设定纠正和处罚措施时，需要积累足够的知识，理解其特定的商业模式和风险，而不能简单适用传统金融机构的监管方法。而且，创新型普惠金融业务在经营初期往往只有少数的供给者，因此监管方法的设计需要充分考虑业务中断或可得性降低的风险。

以小额信贷为例，限制贷款的措施可能产生负面效用，因为在传统小额信贷机构的业务模式中，对借款人后续贷款的隐性承诺往往是激励其按期归还款的一项重要激励。同时，劳动密集的传统小额信贷技术中，如果小额贷款者[①]无法通过新的贷款收益覆盖高额的劳动成本，其基础资本将很快恶化（Rozas，2009）。并购、贷款转让等市场化的解决方案也存在一定问题，因为传统的小额信贷资产一经转让，价值会迅速缩水。监管机构在针对其设计纠正和处罚措施时，必须充分理解其业务模式，避免产生不合意的监管后果。

金融合作机构往往采用会员合作制的治理结构，在一些国家还形成了体系化的组织形式，因此也需要适用特定的纠正和处罚措施。金融合作机构的资本和所有制结构具有一定特殊性，因此更难满足增加资本的监管要求。

原则12：并表监管

近年来，很多国家的非金融企业利用遍布的分销网络，提升了薄弱领域获得普惠金融服务的机会。这些企业可能是持牌金融机构的母公司或关联公司。监管机构需要同时了解金融机构所属集团的金融业务和非金融

---

　　① 小额贷款者（microlender），指主要从事小额信贷服务的法人或自然人，如小额信贷机构，以及专门为薄弱领域提供小额信贷的银行。

业务，母公司企业文化、工作目标和激励，以及这些因素如何影响金融机构运营。对于集团而言，监管机构应当致力于理解集团市场份额、总体架构、内部情况、行业环境如何影响被监管金融机构的风险状况，包括非金融业务板块对金融机构的稳定性、安全性带来的潜在风险和影响（必要标准1）。一些情形下，被监管金融机构母公司或关联公司可能引发较高的传染性风险或声誉风险。随着普惠金融服务领域新成员逐步涌现、渠道日益多样，着眼于集团的监管视角显得尤其重要。

监管机构还需要特别注意，一些金融机构设立不受监管的特殊目的经营主体开展授信等金融活动，除了提升运营效率的考虑，这一做法很大程度上是为了监管套利。再次表明集团视角有助于监管机构识别不受监管的业务活动对监管对象和金融稳定造成的影响，及时采取措施。

监管机构应当有明确、直接的权威和职责，评估普惠金融服务机构母公司的主要经营活动，包括非金融母公司本身及其可能对金融机构和体系安全稳定产生重大影响的关联公司（必要标准5），并有权对其采取必要的监管措施，如对非金融母公司的所有者和高管的实行任职资格管理。

（二）审慎监管法规和要求

原则14：公司治理

健全的公司治理对于服务金融薄弱领域的机构非常重要，因为好的公司治理能够培育好的公司文化，强化了稳健风险管理、公平对待消费者等价值观，从而确保公司能够提供负责任的、可持续的普惠金融服务。一些非银行机构的治理结构及实践与银行有显著差异，监管机构需要充分理解治理结构如何运作，以及如何影响其风险状况。特别是当监管机构的监管密度达不到银行监管的水平时，就需要更多地依赖稳健的公司治理作为规范机构经营的手段。

监管机构应当以良好的公司治理期望为目标，发布指导性文件，并将期望目标传导至公司董事会（必要标准1）。监管机构也可以就董事会架构（必要标准3）、董事会成员标准（必要标准4）提出适当的最低要求，出台相应的指导性文件，帮助机构对照良好公司治理原则和监管要求，对合规水平进行自我评估。

对于董事会成员居住在国外或参与多个机构董事会的情形，监管机构需要判断其是否具有有效的董事会监督和参与机制，这在一些类型的普惠金融服务机构中较为普遍。此外，需要注意的是，一些国家的国有机构（如农村银行、邮政银行和发展银行）公司治理可能面临特定的挑战（OECD，2015），监管机构应当确保国有机构和民营机构适用同样的良好公司治理标准。

上述特征决定，从事普惠金融服务的机构理论上需要更多的监管审查。要实现公司治理的定期评估（必要标准2），就需要与机构更频繁地互动（BCBS，2015b），这对资源有限的监管者而言构成一定挑战，特别是考虑到涉足普惠金融领域的机构数量庞大，需要考虑一些替代监管方法（原则8）。

监管机构需要确定：首先，金融机构的董事会能够构建和传导公司文化和价值观（例如通过行为准则）；其次，董事会和高管层能够理解并有效管理和缓释运营结构产生的风险（必要标准8）。在广泛使用第三方的情况下，无论作为代理机构、代理网络运营者还是提供数据处理或其他服务的合作伙伴，金融机构应当确保其文化和价值观得到维护，并具备管理和缓释相关风险的能力。监管机构应该确保与关联主体（原则20）的交易具有足够的透明度。

必要标准8亦适用于能够直接向消费者提供金融服务的非金融企业。但要对这些企业的治理结构做出监管评估并不容易，因为其治理结构不同于监管者熟悉的金融机构，主业也不在金融监管范围之中。这些非金融企业可能出现阻碍监管的情况（即便不经意），监管要求的落实、监管信息的获取也较独立法人的情况受到制约，具体也取决于金融业务板块在其整体业务的重要性。此外，监管者很难确保非金融企业的董事会具备金融业务相关的专业技能。

原则15：风险管理体系

监管机构应当充分理解从事普惠金融服务的银行及非银行机构的商业模式、风险类型、风险来源和风险暴露。基于这些输入因子，监管者得以对机构的风险管理策略、政策和程序等设定适当的（未必更低）预期标准，与其运营状况、风险状况、系统重要性和复杂度相适应（必要标准1、标准2）。监管者可以在准入（特别是小型机构）、持续监管（包括与董事会、高管层会谈）以及开发新产品、新渠道等各环节，根据采用的监管方法，对上述内容进行评估。基于充足的信息，监管者能够系统地评估普惠金融服务机构的风险管理情况，并在必要时调整对其风险管理程序的预期。监管者也需要确定，机构的董事会和高管层掌握充足的信息，对影响经营安全的风险有充分的理解（必要标准4），特别是新型产品、服务和渠道有关的风险（必要标准8）。

普惠金融服务机构风险管理的一大挑战在于，当面对瞬息万变的环境、素质薄弱的员工、有缺陷的管理信息系统，其很难对风险形成全面有效的评估。监管者需要特别注意评估金融机构采用怎样的政策和程序来管理外包机构的风险，这在为薄弱领域提供金融服务时非常重要。比如，一种普遍的做法是通过代理机构对接零售客户，金融机构就要对这些外包的业务活动承担最终的责任。因此，机构应当建立特定的机制确保外包业务合规，如符合相关的消费者保护制度。同理，对于外包第三方机构使用的另类信用评分、筛选模型，监管者也应要求金融机构及时对模型进行测试和确认，理解模型输出的局限性和不确定性（必要标准6）。近来愈发重要的是，监管者应当要求和确定，被监管机构有完善的制度和程序来管理消费者保护风险，确保公平对待消费者，并提供有效的消费者保护体系。

监管者也需要特别关注被监管机构信息系统的充分性和完整性（必要标准7），这些系统有助于妥善记录交易信息、管理账户和安全存储个人信息（必要标准8）。信息系统应当具备及时可靠地创建、处理并向管理层传递风险管理报告的功能，在瞬息万变的环境下，这一点尤为重要。

监管机构应当监测普惠金融服务机构的风险管理资源（必要标准9），评估是否存在资源约束及背后的原因。例如，传统小额信贷技术模型赋予了信贷员更大的责任，风险管理和风险承担的功能很难分离。同时，新产品、服务和渠道的供给与需求同步扩张，增加了金融机构面临的风险暴露和来源，原本与低风险活动相匹配的风险管理能力存在局限性。监管者应当确保机构的风险管理能力与其风险偏好相适应。

针对信用风险、市场风险、流动性风险、银行账户利率风险、操作风险（必要标准11）等设定监管标准时，监管者应当特别关注薄弱领域相关产品、服务、渠道和机构的风险，确保监管标准与之相适应。对于使用电子渠道开展普惠金融服务的机构，应当在牌照发放阶段注意评估其应急机制，确保在突发情况下业务不间断。同时，也要考虑一些服务薄弱领域的机构可能面临更大传染性风险（如传统小额信贷）和声誉风险（如国有银行），要求并确认其有相应的制度和程序应对这些风险。

原则16：资本充足率

核心原则并不要求各国遵守某一版的巴塞尔协议，体现了实施资本充足要求的匹配性原则（风险为本），特别是规模较小、业务单一的机构（必要标准1）。而且，必要标准4允许根据每家银行的具体风险状况设定差异化的资本充足率要求。尽管附加标准1要求非国际活跃银行的各项标准与国际活跃银行大致相同，但当适用于普惠金融领域的特定银行或非银行机构时，就需要考虑匹配性原则。对于巴塞尔协议的选择，第一版或第二版中的简单方法可能更适用于业务相对单一的非系统性银行和非银行机构。高级计量方法的实施可能超出了很多机构（包括一些银行）的技术范围，需要耗费大量成本（必要标准5）。调查显示，一些监管实践并未对非银行机构采用资本充足率的规定，而是采用更为简化的名义资本、杠杆率限额等作为监管标准。

必要标准1、标准2强调了准确定义合格监管资本的构成要素的重要性，这对小型金融合作机构而言具有一定挑战（BCBS，2011）。需要根据金融合作机构的架构、规模、复杂程度，确定具体采用的监管方法：一是只有资本充足率达到一定标准才允许赎回；二是要求金融合作机构通过附属二级机构或其他同类机制开展流动性存款业务；三是针对整个集团或体系适用资本充足率规定（例如针对联邦层面或中央层面的金融合作机构）。后两项方法中，金融合作机构的流动性和清偿能力取决于附属二级机构的流动性和清偿能力，因此，这些二级机构也应当在监管范围中。

需要注意的是，监管匹配性原则并不意味着更低的资本充足率。为弥补特定类型机构或领域的弱点，监管者反而可能要求其适用更高的资本充足率（有时是临时性的）。例如，囿于会员制的运营模式和决策机制，小型金融合作机构在压力情形下可能很难筹集资本，或缺乏相应的应急计划（必要标准6b）。

原则17：信用风险

2012年版《核心原则》的主要变化聚焦于明确金融机构在整个信贷流程的信用风险管理职责，强调了将表内外风险以及风险产生的市场和宏观经济环境纳入考虑的良好风险管理政策和程序。这些修订内容与小额信贷机构及其产品的监管密切相关。为准确评估核心原则17及其必要标准，监管机构需要区分使用传统小额信贷技术与使用其他低劳动密集度技术的机构。在很多国家，小额信贷机构（特别是银行）采用基于第三方渠道提供的"另类"客户信息（如账单历史、社交媒体的非金融信息、手机使用信息及大数据分析）的信用评分模型，发放大量额度很小的贷款。这些贷款的风险管理方法与消费贷款类似，但较之传统小额信贷业务，目前尚未积累足够的经验对其表现进行总体评价。

对于监管机构来说，有必要熟悉这些新的、"另类"信用评分和客户筛选技术，确保使用这些模型技术的贷款机构对其有效性进行测试。同时，随着第三方贷款分销（使用手机或支付卡作为数字化分销渠道）、使用和分析非金融数据的商业模式出现，监管者也需要理解第三方的使用如何影响机构的信用风险管理、机构是否了解外包技术基于的假设和局限性

（必要标准3a、g）。随着新方法的出现，机构应当保留其自身制定授信政策、信贷限额的职责（必要标准3b、e）。监管者还应确保被监管机构不论规模大小，都有适当、稳健的信息系统（必要标准3d），作为管理信用风险和实施有效监管的必要条件。

此外，需要特别关注涉及高风险业务模型或产品（如基于高债务拖欠率的模型、固有风险较高的产品）的机构。具体而言，需要询问贷款机构，对每笔贷款进行展期操作时，是否及时重新评估借款人的偿还能力（必要标准3c）。这对于正规金融经验不足、财务能力较弱的金融消费者而言尤为重要，这些消费者的借款申请往往不直接反映其借款需求和还款能力。金融机构向过度负债风险较高的客户发放贷款时，如果低估了其贷款风险，利率定价过低，就会对金融机构的财务健康造成影响。

过度负债客户的负面影响既体现在金融普惠方面，也体现在金融稳定方面（FinCoNet，2014）——高债务拖欠率不仅会影响所在机构本身，也会对同一个市场运营的其他机构产生溢出效应，使得金融服务供给者对整个类别的消费者都贴上"不可贷"的标签。监管机构应当要求服务薄弱领域的机构制定相关的政策程序（Davel，2013），做好监控并尽可能避免出现过度负债情况（必要标准4）。

原则18：有问题财产、准备和储备

原则18及其必要标准适用于不同类型的小额信贷机构，但从事传统小额信贷的机构应采用简化方法，特别是在资产分类和准备金管理方面（必要标准7）。例如，传统小额信贷业务中，逾期贷款应调高风险分类级别和拨备要求，比其他贷款更快地确认为非生息资产（必要标准5）。对于使用"另类"信用评分模型和分销渠道的创新型小额信贷产品，随着监管机构对其业务的深入了解，也要考虑使用不同的方法。

为构建灵活、适当的问题资产处置机制，监管机构需要理解小额信贷业务和当地的市场实践。需要特别注意的是，使用外部专家评估机构的小额贷款所采用的风险分类和拨备政策及程序（必要标准2）。展期、再融

资或重新分类的贷款需要引起格外关注，机构可能用这些方法规避风险分类和拨备的监管（必要标准5）。展期贷款通常应当较同类到期贷款调高风险分类。监管机构也需要考虑小微农户贷款的特征，这些贷款通常属于一次性偿还的贷款，需要与其他小额贷款分开处理。

必要标准4与普惠金融服务机构的问题资产处置框架高度相关，因为其小额贷款资产的表现与宏观经济环境的关联度越来越紧密（Di Bella，2011；Wagner，2012；Wagner和Winkler，2013；Kruijff和Hartenstein，2014），也容易受到特定市场条件和国家政治环境的影响。这些因素会影响资产恶化的可能性和速度，因此监管机构在评估小额贷款资产风险分类和拨备标准时，应当纳入考虑。监管机构可能会采用动态拨备的方法缓解经济下行期的影响，即在高增长期适用更高的拨备要求，用于弥补衰退期拨备不足。

原则24：流动性风险

原则24的实施要求监管机构具备专业知识，对从事薄弱领域金融服务机构的资产负债情况、业务性质、组织架构、融资渠道等有充分的了解，特别是传统的小额信贷机构，在上述方面都与业务复杂的大型银行差异较大。

流动性监管要求应当反映被监管机构所处的市场和宏观经济情况（必要标准2）。每个从事普惠金融服务的机构都应当构筑一整套有效的流动性管理框架，包括与其规模、范围和复杂度相适应的策略、政策和程序（必要标准3）。随着机构、产品类型的多样性和复杂度不断提升，原则24的应用更具有挑战性，需要监管机构及时了解新型业务模式、把握流动性风险的变化（如普惠金融创新产品如何影响流动性管理）。此外，无论规模和复杂度大小，从事普惠金融服务的机构应当建立良好的管理信息系统（必要标准4c），有效识别、汇总、监测和控制流动性风险暴露。

传统小额贷款机构由于资产具有特殊性，面临的流动性风险也有别于常规的、多元化的银行业机构。在小额信贷领域，续贷通常是借款人还款的重要激励（一个借款人的处理方式将对其他借款人产生很大潜在影响），因此，一笔传统的小额贷款往往具有长期资产的特征，很难指望在流动性紧缺时获得收益。此外，传统的小额贷款机构在贷款违约时也面临资本迅速恶化的风险，因为对这些机构而言，贷款资产通常是最重要的收入来源。

流动性管理应当聚焦于全面计量和预测现金流，保持机构日常运营和压力情形下分别所需的流动性，并考虑利益相关者的行为反馈。必要标准5-7（制定并定期评估融资政策、应急融资计划及压力测试）应用于普惠金融服务机构时，应当与各类机构的复杂度、范围、规模、风险及业务模式相适应，不应带来过重的监管负担。但同时，监管机构在制定规则时也要考虑潜在的风险传染效应，特别是针对地理集中区域或小额信贷资产（原则16、原则17涉及）。

原则25：操作风险

监管者应确定普惠金融服务机构了解其产品、渠道及目标客户、目标市场面临的特定操作风险（必要标准1-3）。评估机构的操作风险管理框架时，对于第三方服务商参与产品分销（包括可能接触支付账户信息、提供支付服务）的情况，监管者需要理解第三方服务商的角色变化。监管评估的目标是，确保操作风险得到妥善管理的同时，不会抑制创新。

监管者要确定普惠金融服务机构有必要的内控程序和信息系统，妥善管理操作风险（包括消费者保护风险和行为风险）。例如，普惠金融领域可能发生如下操作风险事件：

内部欺诈：非银行电子货币发行机构可能操纵账簿（进而盗用客户资金），使得账簿上的电子货币金额与信托账户或存款类机构托管账户资金一致。尽管电子货币是一种相对简单的金融产品，并不意味着被操纵的风险比存款账户更低，也不意味着风险管控更容易。

执行、交付和过程管理；外部欺诈：使用代理机构作为主要的客户对接渠道时（包括存款、取款、贷款偿还），增加了新的操作风险和消费者保护风险（必要标准8）。比如与代理机构距离较远时，会使代理行为监督更为困难，可能导致欺诈和盗窃风险上升，出现怠慢消费者、消费者信息泄露等情况。因此，需要建立相应的代理机构选择、培训、监督政策和程序，更好地防范上述风险。

客户、产品和业务实践：新进入数字化金融服务领域的消费者，可能由于不熟悉应用程序或复杂界面，出现向错误的手机号转账，或忘记移动服务的安全信息等情况。同时，数字化金融交易通常高度依赖电子记录和电子回单，有时会出现服务中断无法使用或使用不畅的问题，影响消费者对机构及其产品、渠道的信任。

业务中断和系统故障：普惠金融服务机构常常面向基础设施薄弱的地区提供金融服务，可能由于基础设施的不稳定导致服务中断，不仅影响机构的声誉，也会损害消费者对该机构乃至整个数字化渠道的信心。有的机构将数字化平台作为唯一的客户服务渠道，这就需要采用一定的工具衡量业务的连续性，从而更好地应对业务中断风险（必要标准4）。监管机构应当充分考虑服务这些地区的实际情况，同时也要平衡被监管机构是否有需求建立相应机制应对上述风险。

在使用数字化平台和代理网络时，需要明确的是，被监管机构对监管者和消费者负有最终责任，特别要注意保护消费者的私人信息和财务信息。同时，监管者应当有权对服务合约的执行开展必要的调查，并有权采取措施应对合约条款执行不到位带来的风险（必要标准8）。

原则28：信息披露和透明度

监管机构应当要求所有金融机构达到相关会计准则和披露制度的最低标准，提升披露信息的可比性、相关性、可靠性和及时性（必要标准1）；定期披露与其风险状况相匹配的定性和定量信息（必要标准2），并确保这些信息容易获取且容易理解。监管机构应了解非银行金融机构的技术能力和资源可得性，考虑其筹备信息披露可能需要的培训和指导。

制定披露标准时，监管机构应当考虑普惠金融领域不同机构、产品和渠道面临的风险来源和风险暴露的差异（附加标准1）。例如，对于从事传统小额信贷业务的机构，需要考虑短期小额贷款资产质量快速恶化的可能性。

根据必要标准5，监管机构应该在其监管的每个领域，定期发布容易理解且容易获得的定量和定性信息（如产品、服务、分销渠道、机构、顾客及发展成果等方面的分析报告，以及包含以往和当前统计信息的数据库）。监管机构可以在其官方网站公布这些信息，以便公众获取；也可以通过其他市场主体（如消费者组织、研究机构及新闻媒体）面向更广泛的公众进行信息传递。被监管机构可以根据上述监管信息披露，完善风险管理和业务经营策略。同时，监管者也可以通过印发指导性文件或与上述市场主体直接对话的形式，扩大市场信息的受众范围，增进对市场信息的理解。

原则29：防止利用金融服务从事犯罪活动

反洗钱/金融反恐的监管应该遵循匹配性的监管原则，或称风险为本的监管方法，这也与金融行动工作组的标准相一致，即要求金融机构对反洗钱/金融反恐风险较高的业务和客户采用更高级的尽职调查方法，而允许其对上述风险更低的客户采用简化方法（FATF，2012）。

根据司法领域对洗钱和恐怖融资风险的评估，受到一定限制的普惠金融产品和服务可能风险较低，表现为：（1）限定额度（如限定账户余额、单次交易额或一定时间的交易总额）；（2）限定地域（如不限地域或仅限国际交易）；（3）限定产品或服务对象（如仅限个人）（FATF，2012）。问卷调查显示，限定额度是最常用的低风险确认方法。如果有的领域被证实风险较低，监管机构有权适当豁免部分反洗钱/金融反恐监管要求。

一些监管制度要求客户在办理金融业务时必须出示相应的身份验证文件，这可能恰恰构成了大众获取金融服务的潜在障碍。因此，需要认真考量这些验证标准的目标和具体方案的设计。有的司法体系中缺乏全国通用的身份证明文件，或其他广泛认可的身份验证方法（FATF，2012），这就需要接受非标准化的身份验证机制。对于偏远地区手机开户或代理开户服务，有必要允许通过代理或移动设备开展非面对面的客户尽职调查（很可能需要借助生物统计学技术）。

无论是银行还是非银行金融机构，都需要充分理解并妥善使用简化的客户尽职调查方法。过度严格的尽职调查合规要求可能恰恰阻碍了薄弱领域客户获得正规金融服务和产品，并促使交易向非正规金融转移，增加了洗钱和恐怖融资的风险。

三、实践启示

《指引》体现了各国普惠金融领域的监管实践和标准制定机构的思考，为国内普惠金融发展和监管提供了有益借鉴。需要注意的是，我国的普惠金融在发展环境、监管对象、管理体制等方面具有一定的特殊性，原则的适用和《指引》的借鉴要充分考虑国内的具体环境。这也是匹配性原则的内涵所在。

《指引》在宏观层面，为监管者提供一种发展普惠金融的理念和视角，将普惠金融纳入包容发展、金融稳定的框架，作为引导资源配置的手段，促进经济结构优化和均衡发展；在技术层面，为监管者提供了一系列可以借鉴的监管方法，基于银行监管与普惠金融监管的共性和差异，明确监管目标、监管对象、监管职责，改进监管技术手段；在经营层面，将普惠金融的理念嵌入到公司治理机制之中，引导普惠金融供给主体加强自我治理，完善管理流程和考核体系，培育良好的文化和价值观，在商业可持续的基础上履行好社会责任。

后 记

　　《中国普惠金融发展报告》是我国政府部门首次对外发布的普惠金融白皮书，是对当前我国普惠金融发展阶段性成果的总结，也是落实《推进普惠金融发展规划（2016—2020年）》（以下简称《规划》）的任务要求所在。在编写过程中，我们开展了大量的材料收集、整理、筛选、编写、修改等工作，广泛听取了各方意见，对白皮书的框架进行了多次讨论和调整，力求以更好的形式呈现给公众。从工作启动到最终付梓，历经一年半的时间。我们记录了以下编写过程，并向给予我们大力支持的部门、人员致以诚挚谢意。

　　中国银保监会高度重视普惠金融白皮书的编写工作，主要负责同志、分管负责同志均对此项工作做出重要批示指示，普惠金融部具体承担了编写工作。2017年2月，编写工作正式启动，原银监会普惠金融部牵头制定工作方案，起草白皮书提纲，向人民银行、证监会、原保监会、财政部等20多个部门和各派出机构、会内部门征集材料，在此基础上组织集中编写。2017年年中，结合中央改革办对《规划》落实情况专项督察工作要求，我们进一步梳理完善了白皮书内容。2017年12月，我们就白皮书初稿与部分派出机构进行研讨，获得了许多宝贵建议。2018年4月，我们面向人民银行、证监会、财政部等前期提供材料的部门、各派出机构、会内部门及主要银行征求意见、补充材料，在此基础上对白皮书进行了一次大幅度的修改，更新了数据口径。下半年再次向人民银行牵头部门金融消费权益保护局和会内相关部门征求意见，根据修改意见对白皮书定稿。

　　最终的白皮书框架中，第一部分总结我国普惠金融发展的意义、主要措施、主要成效和基本经验，是对全文的提炼，第二至第九部分详细介绍了普惠金融发展举措，第十部分、十一部分分别总结了挑战与下一步思路。同时，为丰富白皮书内容，多维度总结普惠金融发展成果，我们在白皮书正文中增设了反映典型经验的专栏，总结编写了普惠金融大事记、汇编了普惠金融政策文件，并引入了我部前期对巴塞尔委员会《有效银行监管核心原则在普惠金融领域的应用指引》要点编译，作为白皮书的附录。

　　白皮书的编写是一项系统性工程。在会领导的指导和各部门的支持下，普惠金融部主任李均锋同志、巡视员邱小秋、副主任张金萍、冯燕同志统筹部署了白皮书编写工作，指导确立了白皮书框架结构和总体思路，张弘同志牵头负责编写工作的组织协调。白皮书编写人员包括李均锋、邱小秋、张金萍、冯燕、张弘、刘洋、邱艳芳、张凤英、徐婷、王非、付正丽、许晓征、熊建辉、贺小刚、农茜琦等。在编写过程中，我们对外征求了多轮材料和意见，获得了人民银行、发展改革委、财政部、证监会等推进普惠金融发展工作机制成员单位、会内各部门、各派出机构和相关银行的大力支持，在此一并表示衷心感谢。同时感谢本书的编辑肖炜、董梦雅同志。

中国银保监会普惠金融部

2018年10月